HWYL O FRO'R GLOWR

Argraffiad cyntaf: Tachwedd 1986

ⓗ Y Lolfa 1986

Rhif Llyfr Safonol Rhyngwladol:
0 86243 123 9

Dymuna'r cyhoeddwyr gydnabod
cymorth Adran Olygyddol a Chyhoedd-
usrwydd y Cyngor Llyfrau Cymraeg a
noddir gan Gyngor Celfyddydau Cymru
(a noddir gan drethdalwyr Cymru).

Cynllun y clawr: Elwyn Ioan

Argraffwyd a chyhoeddwyd yng Nghymru gan
Y Lolfa Cyf., Talybont, Ceredigion SY24 5HE;
ffôn Talybont (097086) 304.

HWYL O FRO'R GLÖWR

EDGAR AP LEWYS

Y Lolfa

Wele Edgar wladgarwr—y gwron
  Geirwir o gyn-löwr,
Bu'n deyrn i'w genedl, —bu'n dŵr
A'i phennaf amddiffynnwr.

Alan Llwyd

CYNNWYS

RHAGAIR

Yn sgîl y Chwyldro Diwydiannol yng Nghwm Tawe, yn naturiol daeth galw am help dynol i gadw olwynion masnachol y fro i droi.

Wedi cwblhau'r gamlas oedd yn cysylltu rhan uchaf y cwm â phorthladd Abertawe agorwyd y fro i'r diwydianwyr fuddsoddi yn natblygu nwyddau crai'r fro.

Adeiladwyd gwaith haearn mwyaf y byd yn y cyfnod hwnnw yn Ystalyfera. Roedd amryw o felinau alcan yn yr ardal, ac fe ddarganfuwyd proses newydd o dwymo ffwrneisi gweithfeydd haearn trwy ddefnyddio glo caled yn hytrach na glo bitwmen fel cynt. Felly daeth galw sylweddol am y glo, ac o ganlyniad daeth glofeydd *anthracite* Blaen Cwm Tawe i amlygrwydd ar raddfa eang.

Oherwydd achosion economaidd gadawodd pobol cefn gwlad eu tyddynnod am well amodau byw y pentrefi. Dylifodd gwladwyr Cymraeg a Chymreig o berfeddion Shir Gâr, o unigeddau Ceredigion ac o lechweddau mynydd-dir Powys i mewn i Gwm Tawe i gymryd rhan yn y chwyldro hwn. Roedd fy hynafiaid i yn eu plith. Daethant â'u crefydd a'u diwylliant a thraddodiad cefn gwlad gyda hwy, gan ddatblygu yn gymdeithas bentrefol glòs. Nhw roddodd seiliau cadarn i Ymneilltuaeth yn y fro. Ffrwyth eu diwylliant nhw oedd yr eisteddfod bentref lle bwriodd cymaint o'n henwogion eu prentisiaeth a thyfu i amlygrwydd gwlad a byd. Trwy eu

7

diwylliant nhw y daeth y gymanfa i fri, a'r corau i swyno clust tyrfaoedd ledled byd cyfan.

Onid cynnyrch y diwylliant hwn oedd Gwenallt, Daniel Protheroe, J.T. Rees, Dyfnallt, Ben Davies, Mafonwy, Islwyn Williams, Watcyn Wyn, Dr Stephen J. Williams, ac amryw eraill o ben uchaf Cwm Tawe a fu'n chwifio baner Cymreictod y genedl ar hyd eu hoes, heblaw am y lliaws o bobol leol fu'n ddiwyd yn ceisio parhad y diwylliant, yn feirdd, cerddorion, a llenorion? Coffa da am eu brwdfrydedd a'u gweithgarwch.

Roedd y mewnlifiad o bobol cefn gwlad mor lluosog yr adeg hynny, a chymaint ohonynt o'r un enw, nes bod yn rhaid, er mwyn eu hadnabod a gwybod pwy oedd pwy, rhoi enw'r pentre neu'r fferm o ble y daethent fel math o gyfenw wrth eu henwau bedydd. Nid o unrhyw amharch na bychander y daeth yr enwau yma yn rhan naturiol o eirfa'r fro. Mae llawer o ddisgynyddion y mewnfudwyr cynnar yn adnabyddus hyd heddiw wrth yr enwau hynny. Ceisiodd rhyw hen wàg o fardd gasglu'r enwau yma at ei gilydd a'u rhoi ar ffurf cerdd, gydag ambell lysenw yn eu plith:

Sid Porth-y-rhyd a Shôn Penlan Fach,
Morgans Cwm Tawe a Bili Tŷ Bach.
John Bach o'r Nef a Ned Felin Wen,
Twm Caws a Menyn, a Jac Modryb Gwen.

Moc Pen-graig a Lewis Gouldy,
Ianto Pen-twyn a Bob Treorci,
Dai Bach Patsh a Marged Llwyndafydd,
Jos Cwmgarw a'i wraig Morfydd.

Twm Llanelltyd a Dai Pegi,
Elwyn Bangor a Twm Swansea,
Jim y 'Queens' a Dai Cardi,
Dan Llan-non a Dic Blaengwynfi.

Twm Bridgend a Mocyn Caio,
Wil Coch a Jaci Penfro,
Rachel Mount a Siân 'Berteifi,
Gwennie'r Llan a Dafydd y Dderi.

Joe'r 'Angell' a Tref Barri,
Wil Aberdâr a Sam Caerffili.
Lisa Shir Gâr a Wil Llanwrda,
Dai New Inn a theulu Dai Beca.

Ned a Marged o dre Caerfyrddin
Gwerthwyr wyau, caws a menyn.
Teulu'r Jonesiaid o Gwrtycadno,
Sarah Slwt mor bell â Llwydlo.

Jac y Barracks a Dai Pwllaber,
Shôn St Clêr a'r holl hen gleber.
Twm Trecastell a Gwen Defynnog,
Moc Tŷ Cwrdd a Twm Merthyr Cynog.

Mari Pen-graig a Bili Rhondda,
Annie Cwm Ffrwd a Jac Bethesda,
Meira y 'Bird' a Moss Llandilo
Joe Cwm-twrch a Dan o'r Bermo.

Jane Gelli-aur a Dai Cydweli,
Dai Mwmbwls a Wil Rhymni,
Dic Cwm-bach a Mari'r Hendre
Dai Rees o'r Bala a Wil Gwynfe.

Daeth gwŷr y North yn ddirifedi—
Mae llawer eto heb eu henwi.
Mae'r criw enwyd yn huno bellach
A'r fro o'u colli yn llawer tlotach.

Coffa da amdanynt. Bu eu dylanwad ar Gwm
Tawe, am ganrif a hanner o leiaf, yn fawr. Ysbrydol-
wyd bywyd cymdeithasol y fro ganddynt ond,
gwaetha'r modd, heddiw mae'r cyfan ar drai. Mae
eisteddfod y pentre bellach ar gyfrolau'r gorffen-
nol, y gymanfa, fu unwaith mewn cymaint bri,
heddiw dan gysgod angau; mae'r ddrama, yr
oratorios mawreddog, a'r corau cymysg byd-enwog
ar chwâl. Gwaeth na'r cwbl yw fod Ymneilltuaeth
ar fin y dibyn. Dyma lygad ffynnon pob ysbrydol-

iaeth, ac mae'r ffynnon honno ar sychu.

Cofiaf yn dda yn ardal Ystradgynlais a'r cylchoedd cyfagos fod pob capel yn cynnal ei weinidog ei hun yn anrhydeddus, ond erbyn heddiw mae grwpiau o dri neu bedwar yn methu ymgymryd â'r cyfrifoldeb o gadw gweinidog.

Mae dylanwad y diwylliant cefn gwlad, a ddaeth i mewn o'r gorllewin fel cannwyll, yn raddol, raddol ddifa, wedyn yn diffodd.

Nawr daw diwylliant newydd i mewn i Gwm Tawe o gyfeiriad y dwyrain—diwylliant sy'n wel-adwy ar y sgrîn deledu fel nad oes ar neb angen creu dim bellach. Popeth yn *ready-made*. Mae dylanwad hwn mor aruthrol nes bod y Cymry Cymraeg eu hiaith yn meddwl fel Saeson.

Yn sgîl y diwylliant hwn daw mewnlifiad o 'Sassenachs' gan ymgartrefu yn ein pentrefi mwyaf Cymreig. Megis locustiaid yr Aifft gynt maent wedi anrheithio bywyd cysefin y brodorion.

Holl bwrpas y llyfryn hwn yw ceisio dangos rhyw gymaint o'r diwylliant oedd yn ymwneud â'r dos-barth glofaol yn Ystradgynlais a'r cylch ar ddech-rau'r ganrif hon. Cesglais y rhan fwyaf o'r cerddi o hen gylchgronau wythnosol y fro.

Tybiaf eu bod yn werth eu cyhoeddi er mwyn diogelu'r 'glendid a fu'.

Dyddiau Cynnar

ATGOFION PLENTYNDOD

Mae dylanwad magwraeth megis rhyw graith annileadwy ar bawb ohonom. Mae'n aros; ni allwn ei osgoi. Amhosibl ei gladdu ym mynwent abergofiant, boed y fagwraeth honno yn dda neu yn ddrwg. Mae ei gysgod yn ein canlyn i ble bynnag yr awn. Wrth edrych yn ôl dros ysgwydd y blynyddoedd teimlaf fel dweud:

Hêd fy meddwl i'r gorffennol,
I baradwys bore oes.
Pan oedd bywyd yn ddymunol,
Pryd na chwythai awel groes.
Cysegredig oedd y twyni,
Lle chwaraeem amser gynt.
Nid oedd gofid wedi'i eni,
Nid oedd brad yn sŵn y gwynt.

Mae dylanwadau cynnar yr hen aelwyd wedi bod yn ganllawiau clòs i'm cadw o fewn terfynau teilwng cymdeithas wâr ar hyd fy oes. Diolch amdanynt, ond rhaid cyfaddef taw rhagrith fyddai ceisio creu rhyw argraff na lithrais droeon a thro oddi ar y llwybr cul. Onid yw hynny'n wir am bawb ohonom? Ond eto, roedd yr hen atgofion bore oes megis rhyw rym magnetig yn fy ngalw'n ôl i lwybrau realiti bywyd. Roedd yr 'hen bethau anghofiedig' yn dal yn yr isymwybod o hyd.

Cefais y fraint o weld golau dydd am y tro cyntaf ar aelwyd fferm fynyddig 'Cae-mawr', ar lethrau'r Mynydd Du ym mhen uchaf Cwm Tawe. Dyma gwpled o waith y bardd-bregethwr Gwilym ap

Lleision sy'n gweddu i hyn o draethawd:

Atgof am a fu
Wna Fynydd Gwyn o'r Mynydd Du.

Roedd murmur swnllyd hen afon Gïedd heb fod
nepell o ddrws ffrynt ffermdy gwyngalchog Cae-
mawr. Mae gen i atgofion hapus iawn am yr hen
afon sy'n nadreddu ei ffordd i lawr trwy'r cwm
islaw—Cwmgïedd. Treuliais lawer iawn o'm llen-
cyndod yn chwarae ar ei glannau, yn pysgota dan
law ac yn nofio yn ei llynnoedd ym misoedd tesog
yr haf.

Hen afon hoff, dy ganmol wnaf
A chanaf am dy lynnau.
Cyrchleoedd difyr, llon, di-loes
Fu'r rhain ar hyd yr oesau.

Fe'm ganed, yr ieuengaf o bump o blant, i rieni
uniaith Gymraeg. Er na fedrent yr iaith fain, eto
medrent ddarllen ac ysgrifennu Cymraeg yn rhugl—
cynnyrch addysg yr Ysgol Sul, wrth gwrs. Roedd eu
diwylliant yn seiliedig ar lenyddiaeth Llyfr Emynau'r
Annibynwyr, Y Beibl, *Trysorfa'r Plant*, a'r *Faner*,
papur wythnosol y Radicaliaid yn yr oes honno, a'r
golygydd, Tomos Gee, yn ei golofnau fyddai'n setlo
pob dadl wleidyddol. Parchus goffadwriaeth
amdano.

Gan taw fi oedd cyw melyn olaf y teulu, neu
waelod y nyth fel petai, cefais dipyn mwy o faldod a
sylw na'r lleill o'r teulu. Cofiaf yn dda pan own i'n
grwt bach, fy mod i'n dioddef yn arw o'r bronceitis
bron bob gaeaf. Byddai Mam, druan, gyda'i gofal
cyson yn gofalu bod ganddi botelaid fawr o Scotts
Emulsion wrth law bob amser. Y cof penna sy gen i
am hwnnw yw'r darlun o ddyn cydnerth ar y botel a
physgodyn cymaint ag yntau ar ei gefn. Wrth gwrs,
holl bwrpas y llun oedd tynnu sylw at ddaioni
anffaeledig y moddion.

Cedwid saim gŵydd mewn pot priddyn bychan ar y pentan, a rhwbid y seimach hwnnw yn ddiarbed yn fy mrest gaeth, a rhwymo gwlanen goch amdanaf wedyn bob nos cyn mynd i'r gwely. Doedd gwlanen o unrhyw liw arall ddim yn gwneud y tro.

Dysgais yr wyddor Gymraeg yn gynnar iawn yn fy mywyd. Fy mam oedd fy athrawes ac, os cofiaf yn iawn, roedd gen i ryw grap (digon trwsgl, debyg iawn) ar ddarllen *Trysorfa'r Plant* cyn i mi erioed orfod mynychu Ysgol Gynradd Cynlais. Dysgais adnodau i'w hadrodd yn Ysgol Sul Penpisgah. Maent ar fy nghof hyd heddiw.

Yn y cyfnod hwnnw, Penpisgah oedd canolfan ddiwylliannol ardal wledig Palleg wrth odre'r Mynydd Du. Rwy'n dra diolchgar hyd heddiw am i mi geisio cymryd rhan yn holl weithgareddau'r achos yno, ond digon di-glem oeddwn yn aml. Treuliais lawer o'm hamser yn ymbaratoi ar gyfer cystadlu yn yr Eisteddfod—*Penny Readings*, wrth gwrs—ond i mi roedd Eisteddfod Penpisgah yn gyfuwch ag unrhyw *Semi-National*. Mewn cym-deithas glòs fel roedd ar Balleg y pryd hwnnw, roedd ennill, yn sicr, yn rhoi statws ac urddas i'r enillydd. Pwy na fuasai'n dotio wrth gael ei alw ymlaen i dderbyn gwobr o dair neu chwe cheiniog wedi ei osod mewn *prize-bag* lliwgar a'i osod i hong-ian am ei wddf? Pwy all bwyso a mesur y boddhad a gawsom wrth i ni ymhél â'r 'Pethe' ym more oes? OND, gyda hiraeth dwys, rwy'n datgan fod hen *palace of culture* yr ardal y cês i fy magu ynddi yn garnedd ers blynyddoedd. Does fawr o ddim i'w weld yno nawr ond 'mieri lle bu mawredd', a chŵyn y gwynt lle bu melys sain emyn a chân. Dyma fel y canodd prydydd lleol i Benpisgah pan oedd yn ei bri:

Diaddurn Ysgol Pisgah
A wnaed o'r Henglyn Ucha,
A'i muriau heddiw sydd fel cynt
Er stormus wynt y gaea.

Gwŷr Palleg yma dyrrant,
Efengyl Iôr astudiant;
Caiff salmau'r nef a'u swynol sain
Eu harwain i ogoniant.

Hoff fangre gysegredig
Fu gynt yn fwlch mynyddig
Yn gartref clyd am gyfnod maith
I deulu'r graith yn godrig.

Rwyt heddiw'n fwy dymunol,
Trysordy'r rhoddion dwyfol,
Lle purir saint o bob rhyw bla,
Athrofa'r Duw Tragwyddol.

Tybed beth ddywedai'r hen brydydd pe gwelai'r lle heddiw yn domen oer o feini nadd a phob un â'i stori am y llaw fu wrthi yn eu trin a'u llunio?

Gyda llaw, Henglyn Uchaf oedd yr enw gwreiddiol ar y tŷ annedd hyd nes i'r Methodistiaid ymgymryd â'i droi'n adeilad addas ar gyfer pobl Palleg i'w ddefnyddio yn Ysgol Sul. Mewn gwirionedd, Ysgol Sul hollol anenwadol ydoedd i bawb.

Yno heuwyd had fy niwylliant Cymraeg. Mae fy nyled yn fawr i Penpisgah. Os cynnil a helbulus oedd bywoliaeth teuluoedd yr ardal, eto roedd yno gymdeithas lewyrchus ar y cyfan, ond erbyn hyn mae'r tyddynnod fel rwyf fi yn eu cofio wedi eu cydio un wrth un er mwyn eu gwneud yn un uned fwy proffidiol a modern. Dyw'r cartrefi hynny lle magwyd to ar ôl to o deuluoedd hapus Cymraeg erbyn hyn yn ddim ond tomennydd oer, a chrefft-waith y teidiau gynt yn garneddau yn y baw. Daw ton o hiraeth trosof nes bron â'm llethu bob tro y gwelaf un o'r hen furddunod hyn, wrth gofio am y mannau lle chwaraeem gynt, ac am y croeso ar yr aelwydydd nad ydynt yn bod bellach.

Yn fy niniweidrwydd bachgennaidd credwn yn ddi-ffael fod y cyfan o'm byd bach dianaf i o fewn cylch o fynyddoedd gweledig. I'r gogledd roedd y Mynydd Du a chopa'r Fan Fawr yn amlwg yn yr entrych agored, i'r dwyrain roedd Cribarth a Mynydd Drum, i'r de y Farteg a'r Darren, ac yna i gwblhau'r cylch i'r gorllewin roedd y Gwrhyd a phentre Rhiw-fawr yn amlwg. I mi doedd dim ond gwacter yr ochor draw i'r rhai hyn.

Rhaid cyfaddef na fu fy rhieni erioed yn or-dduwiol, ond fe'u cyfrifid yn gymdogion naturiol gymwynasgar, parchus a pharod eu help. Eto roedd ganddynt barch at bopeth oedd yn gysylltiedig â'r Seithfed Dydd. Cofiaf fod cysgod y Sabath yn lledaenu ei gysgod yn ein tŷ ni yn gynnar brynhawn Sadwrn. Yn union wedi pryd bwyd amser te roedd gorchwylion arbennig i'w gwneud ar gyfer y Sul canlynol. Rhaid oedd gofalu bod cyflawnder o lo a choed tân wedi eu darparu, bod pob ystên a'r llestri pridd addas wedi eu llenwi â dŵr o'r pistyll bach ar waelod yr ardd, a'r holl lysiau wedi eu glanhau.

Byddai crasu bara a gwneud teisennod ar y Sul yn arwydd pendant o annuwioldeb. Byddai hyd yn oed chwibanu yn bechod, ac yn sicr byddai cymryd rhan mewn unrhyw fath o chwaraeon yn fy arwain ar fy mhen i lyn oedd yn llosgi o dân a brwmstan. O leiaf, dyna oedd yr hyn a ddysgais yn y *Rhodd Mam*. Mewn gwirionedd, nid oedd cysgod y Sabath wedi llwyr esgyn tan wedi brecwast fore Llun pan fyddai'r dillad parch a wisgid ar y Sul wedi eu trwsio'n lân o bob lluwchyn a'u gosod yn nrôr y gist. Oherwydd eu cysylltiad â pharchusrwydd y Sabath, fe'u hadwaenid fel y dillad parch, a doedd wiw i neb geisio eu gwisgo ond ar y Sul, heblaw ar ryw achlysur arbennig a fyddai'n galw am hynny.

Cofiaf yn dda taw bodloni ar un siwt y flwyddyn oedd fy rhan i, a honno ar gyfer cymanfa ganu'r Annibynwyr. Oedd, yr oedd yna barch hyd yn oed i'r *dillad* oedd yn gysylltiedig â'r Sul yn y cyfnod hwnnw. Ond erbyn heddiw mae'r cyfan ar drai, gwaetha'r modd.

Mewn cymdeithas glòs fel y'm magwyd i ynddi, medrwn ysgrifennu cyfrol yn hawdd am y cymdogion hynny y dês i'w hadnabod yn gynnar iawn yn fy mywyd. Hen bobol parod eu cymwynas, a rhyw stamp gwerinol Cymreig i'w weld yn amlwg yn eu cymeriad, ond teg fyddai dweud bod ambell ddafad ddu yn eu plith hwythau hefyd, megis ambell *tintack* wedi llithro i mewn yn ddiarwybod i lond bocs o hoelion wyth. Rhyw *misfits* cymdeithasol oeddent.

Ni fyddai pwt o atgofion fel hyn yn gyflawn heb i mi sôn am y nosweithiau gwau y cofiaf mor dda amdanynt, math o nosweithiau cymdeithasol yn nhymor hirnos y gaeaf pan fyddai pump neu chwech o wragedd y ffermdai yn ymgynnull yng nghartrefi ei gilydd. Enw modern ar y peth fyddai *social evenings*, ond, eto, doedd dim iws gwastraffu amser wrth sgwrsio a thrafod mân glecsach yr ardal. Byddent yn dod â'u gwau gyda nhw gan fwrw ymlaen â'u gwaith llaw yn hwylus tra'n dodi'r byd yn ei le.

Ymhlith y cwmni difyr yn achlysurol byddai Modryb Shini o'r Gelli. Hi oedd yr hynaf o'r cwmni, ac o barch i'w hoed byddem fel plant yn ei chyfarch fel Modryb Shini. Hi oedd cymeriad mwyaf unigryw yr ardal. Mae'n aros yn fyw yn fy nghof hyd heddiw. Heblaw bod ganddi'r ddawn arbennig i seboni ei ffordd trwy fywyd, hi oedd y gyntaf i mi ei gweld erioed mewn pais a betgwn, gyda siôl goch dros ei hysgwyddau, bonet fach dwt ar ei phen bob amser, a honno wedi ei chlymu dan ei gên. Ond i mi, yr hyn a roddai arbenigrwydd cofiadwy iddi oedd ei gweld bob hyn a hyn yn mynd i'w phoced gan dynnu pib allan (pib glai, os cofiaf yn iawn) a'i llanw â baco Franklyn, gan droi at y tân i gymryd mwgyn heb fod neb o'r lleill yn cymryd unrhyw sylw ohoni. Rhaid eu bod nhw'n hen gyfar-wydd â gweld y peth, fel y dês i yn ddiweddarach; ond eto, i mi mae'r peth yn fythgofiadwy. Pe bawn i'n arlunydd, yn sicr fe fyddwn wedi rhoi ar ganfas lun o Modryb Shini yn mwynhau ei mwgyn yn y gadair siglo gerllaw'r tân.

Dyma gerdd a ymddangosodd yn y papur lleol i gyfarch Modryb Shini ar gyrraedd ei phedwar ugain mlwydd oed:

Mae Modryb Shini heddiw'n llon
A llawn o wenau glân,
Mae'n mynd a dod ar bwys ei ffon
A'i grudd fel rhos ar dân;
Direidus yw ei llygaid hi,
Mae'n glir os yw yn hen.
Ei heinioes wynnodd gyda bri,
Hardd lili yw ei gwên.
Ar dalar ei blynyddoedd hir
Boed gras fel gwlith y nef,
A'i phrofiad fo'n dragwyddol ir
O dan ei gysgod Ef.

Yn achlysurol cynhelid nosweithiau cwiltio yng nghartrefi cymdogion. Cofiaf am y ffrâm ar gyfer y cwiltio wedi ei gosod yn y gegin ffrynt, a'r gwragedd wedyn yn ymgasglu am nosweithiau lawer gan ddangos eu dawn a'u medrusrwydd ar y grefft o gwiltio. Mae'r gwaith llaw clyfar a'r cywreinrwydd a welir ar rai o'r cwiltiau hynny yn hawlio ein hed-mygedd eithaf.

Yng nghyfnod fy mhlentyndod roedd yn arferiad yn ein hardal ni, ar briodas y ferch, i roi cwilt, dwy flanced wlân a set o lestri te fel math o lwc dda iddi. Carwn ddweud llawer mwy am y dull o fyw yn y gymdeithas fore oes. Mae'n anghredadwy gymaint mae pethau wedi newid mewn cyn lleied o amser. Beth am yfory? Duw yn unig a ŵyr!

Toc, daeth newid mawr ar fy myd bach innau hefyd. Bu'n rhaid cychwyn ar bennod newydd— pennod ddigon diflas ar lawer ystyr. Yn ôl cyfraith gwlad Lloegr bu'n rhaid i mi fynychu Ysgol Gyn-radd Cynlais. Fel crwt bach uniaith Gymraeg, yno cefais fy nhaflu i ganol byd o ddiflastod a dryswch meddwl, oherwydd fy anallu i ddeall rhyw iaith ddieithr yr oedd yr athrawon yn ei defnyddio i geisio'u mynegi eu hunain i mi. Rwyf yn eu damnio hyd heddiw. Ar y Sul roeddent yn bobl barchus iawn yng nghapel Cymraeg yr ardal, ond ar fore Llun roeddent yn ceisio creu ysgol Saesneg mewn bro Gymraeg. Mentraf ddweud, heb flewyn ar fy nhafod, na chafodd cyfraith addysg Lloegr erioed well apostolion nag athrawon ysgol Cynlais yn fy nghyfnod i i lafurio a chloddio bedd i'r iaith Gymraeg.

Cyn pen fawr o amser dysgodd y crwt bach diniwed taw yr unig ffordd i fyw'n effeithiol a chadw urddas ar yr iard chwarae oedd defnyddio Cyfraith Moses. Os cael clatsien, roedd rhaid rhoi dwy yn ôl. Roedd dwy bob amser yn llawer gwell nag un. Yno, ar yr iard, clywais eiriau sathredig, ac fe ddaethant maes o law yn rhan o'm geirfa innau. Deuthum i gredu fod afalau wedi eu dwyn o erddi pobl eraill yn llawer melysach nag afalau cartref, er taw yr un mathau oeddent. Uchelgais pob crwt ysgol oedd ceisio dangos ei fod yn ddyn yn gynt na phryd. Roedd yn rhaid dysgu bod yn smocwr— Woodbine oedd mewn bri yr adeg hynny, paced o bum sigarét am geiniog. (Anodd credu hynny yn ôl y pris heddiw.) Y gamp oedd anadlu'r mwg i mewn i'r ysgyfaint a'i wthio allan trwy'r ffroenau. Wedi llawer o besychu a bwldagu teimlais i mi gwblhau fy mhrentisiaeth; roeddwn yn smocwr go iawn. Nawr roeddwn ar y ffordd i ddod yn ddyn, ac yn un o'r byd agored.

Dysgais y tablau, fel parot, wrth gwrs. Clywais am hanes hen frenhinoedd rhyfelgar Lloegr, a'r pwysigrwydd mawr o ddysgu ar fy nghof hen sothach o gerddi Saesneg megis *Rule Britannia, Charge of the Light Brigade, The Burial of Sir John Moore* ac, wrth gwrs, *God Save the Prince of Wales*, fel pe na bai eisiau achub neb arall! Dim gair am Williams Pantycelyn, nac emyn o'i waith. Dim gair am Ann Griffiths, Morgan Rhys, ac amryw eraill a gyfrannodd mor helaeth at y diwylliant Cymraeg. Dim gair am John Penri, Vavasor Powell, yr Esgob Morgan, Glyndŵr, Llewelyn, nac am Henry Richard.

Wedi dweud hyn'na, mi ddês yn gynnar iawn yn ymwybodol fod yna ysgol arall yn ymwneud â bywyd heblaw ysgol Cynlais—Ysgol Profiad. Rhywbeth diflas a thros dro oedd Cynlais, ond roedd yn hon chwerwder y mae pawb ohonom wedi ei brofi yn ein tro. Mae'r Ysgol yma gyda ni am oes.

Pan oeddwn yn grwt ifanc iawn, claddwyd chwaer i mi. Effeithiodd hyn yn fawr arnaf am hir amser. Roedd yn llawer hŷn na mi, ac yn ofalus iawn ohonof. Pan fyddwn wedi bod yn orddrygionus ac yn haeddu cosfa, byddai Marged Ann yn siŵr o bledio ar fy rhan. Bûm yn hiraethus iawn o'i cholli—yn wir, mor hiraethus nes i mi ymwrthod â phob peth—gwrthod mynd allan o'r tŷ, gwrthod mynychu'r Ysgol Sul, y capel, ac ysgol Cynlais. Cofiaf yn dda i'r Swyddog Presenoldeb, neu fel y byddem yn ei alw ar lafar gwlad, y *'whipper in'*, alw amdanaf oherwydd fy absenoldeb o'r ysgol. Bu'n rhaid ailgychwyn fy ngyrfa yn yr ysgol ddyddiol.

Eto, tra oeddwn yn yr ysgol cefais y profiad o weld am y tro cyntaf yn fy mywyd un o ganlyniadau damweiniol erchyll bywyd ansicr y glöwr. Amser chwarae yn y prynhawn oedd hi, a'r plant i gyd ar yr iard pan ddaeth y prifathro i chwilio am ddau grwt (roedd yr hynaf yn yr un dosbarth â mi) ac yn eu danfon adre. Pam tybed? Roedd y peth yn od, ond yn sydyn daeth distawrwydd tros yr holl iard. Daeth y newydd trist fod eu tad, William Aubrey, wedi ei ddal dan gwymp yng nglofa Ynysgedwyn.

Mae wal ffin yr ysgol yn cydredeg â'r heol, a phwyso ar hon roeddwn i, ynghyd â'r plant eraill, pan welais olygfa nad aiff yn angof. Gweld mintai o ryw ddau ddwsin o goliers yn eu dillad gwaith, a'u hwynebau yn drwch du o lwch y lofa, yn cario adre i Gwmgïedd ar eu hysgwyddau gorff eu cydlöwr wedi ei guddio gan sachau ar *stretcher* a gedwir yn gyfleus ar ben pob glofa.

Felly, nid rhywbeth i'w gymryd yn ddiofal ac yn ganiataol yw bywyd. Mae iddo ei ddifrifwch a'i ddigrifwch.

Er y caledwaith a'r ansicrwydd sydd yn perthyn i fywyd y glöwr, eto, ei ddigrifwch a'i gwna yn gymeriad hoffus gan gymdeithas. Diolch am hynny.

Mi euthum i'r tyddyn lle'm ganwyd
I geisio fy mam a fy nhad,
A'r teulu mor ddedwydd a fagwyd
Yn siriol o gwmpas eu trâd.

Ond och! y wynebau ni welwn:
Eraill sydd yno yn byw
Ers unodd y deuddyn pen-teulu
Yng nghwmni angylion a Duw.

Gwasgarwyd cymdeithas deuluol,
Daeth newid i'r aelwyd glyd.
Er crwydro ymhell o'm cynefin,
Melys f'atgofion o hyd.

MYND I'R LOFA

Druan â'r colier yn y dyddiau a fu. Roedd beunydd dan ei bwn. Dyma ddisgrifiad byw o'r helbulon gan un o brydyddion Cwm Tawe sydd bellach wedi ei alw at ei gyndadau.

Daethpwyd o hyd i'r gerdd hon yn ddiweddar:

Nawr rwy'n mynd i'r lofa
I weithio am fy mara.
Drwy y dydd yn colli chwys
Yw fy hanes i fynycha.

I ddechrau yn y talcen
Rhaid swnio'r top â'r gloden
A chyda mandrel yn fy llaw
Rhaid mysgu glo'r wythïen.

Mae popeth ar 'i waered
Yn tystio bod hi'n galed.
I lanw tram mewn lle fel hwn
Mae'n anodd ei amgyffred.

Y gaffer a ddaeth heibio
Dan chwyrnu mawr a neidio.
A minnau wrthi'n llanw'r dram
I halier rhag ei hindro.

Dan y min rwy'n gweithio,
A'r gaffer sy'n fy'n meio
Na lanwn lawer mwy o lo
Ar lle'n abnormal drwyddo.

Faint lanwe fe, mi dybia,
Mewn talcen gwael fel yma?
Mynd mâs a chodi'i dŵls wnâi ef,
A hynny'r bore cynta.

Gwaith hawdd yw beio'r colier—
"Drive on," yw cri y gaffer,
"And you, Ned Joe, must pull your weight."
A minnau'n chwys i'm hanner.

Mae geiriau o'r math yna
I ddyn sy'n gwneud ei eitha
Er mwyn ei wraig a'i blantos bach
Yn chwerwi'r diniweitia.

Gwrandewch, holl feibion Gwalia,
Nid lle i ddyn yw'r lofa,
Ond lle i lygod bach a mawr
Ddaw yma rhag eu dala.

Cymeriadau
Cofiadwy

Y FFAIR DDEFAID

"Dim byth 'to, Lisa. Ar 'y ngair, dyna'r tro dwetha."

"Clyw, Bilo," atepws Lisa mor ddiflas â baw. "Dyw dy air di ddim yn amgenach na thipyn o wynt o ben-ôl caneri. Ma' arogli cwrw Tafarn y Bont yn ddicon i dy ypseto di heb bod ti'n yfed shwd sothach. Ond dyna fe, beth well rwy i o glepran â dyn â phen clacwdd."

"Rhaid cyfadde 'mod i ar fai n'ithwr."

Ond roedd Lisa wedi clywed esgusodion tepyc lawer gwaith o'r blân.

" 'Bai' wetest ti?! Allwn i feddwl, wir! Dwy i ddim yn gwpod beth wete dy fam, druan, se'i'n fyw i weld 'i mab yn 'neud shwd strance dwl yn 'i gwrw."

Wedi câl preceth fel'na gan Lisa a'i thepyc lawer gwaith o'r blân, rôdd Bilo bob amser yn llawn edifeirwch. Ar ôl 'neud rhyw ddwldod, bydde'n cwato wetyn o olwg pawb am ddwrnote. Rôdd e'n gymytog *first-class* a pharod 'i gymwynas bob amser; ond pan fyse fe *under the influence* cwrw Tafarn y Bont, rôdd hi'n well catw draw wetyn. Ond beth ôdd yn od ambothdi Bilo ôdd—ar ôl 'neud rhyw nonsens yn 'i gwrw, byse'n ddirwestwr am gyment â blwyddyn ambell dro, ac yn manychu moddion gras yn weddol gyson. Fu e ddim yn gyflawn 'ilod mewn unrhyw gapel, na chretu dim miwn enwadeth, ond rôdd e'n Ymneilltuwr i'r carn.

Fel'ny, rhyw symud o un capel i'r llall fu hanes cyn-nar bywyd Bilo hyd nes iddo 'neud y dwldod rhyfedda ar brynhawn y ffair ddefed.

Nawr, rwy i am i chi ddeall nad ôdd y bai i gyd ddim ar Bilo am y ffwlbri y prynhawn hwnnw. Dicwdd bod ar 'i ffordd sha-thre o lofa'r Bargod rôdd Bilo pan gwrddws e â Dai Neuadd-las—un o'i hen gyfoedion dyddie ysgol.

Rôdd Dai wedi dod â'i stoc ddefed gwerthu i'r ffair yn weddol gynnar, a tharo bargen am brish go dda. Wetyn, rôdd y dwrnod yn rhydd i lym'itan yn Nhafarn y Bont. Pan welws e Bilo, dôdd dim byw na bywyd—rôdd yn rhaid mynd am lased, "*for old times' sake*".

Nawr, whare teg, fe g'ishws Bilo'i ore i wrthod, ond ofer fu'r ymdrech. Er taw yn 'i ddillad gwaith rôdd e, a'i wyneb mor ddu â phentan gan luwch glo, miwn i Dafarn y Bont bu rhaid iddo fynd wrth goler 'i got. Fel gwetws rhywun am Dai Neuadd-las, rôdd e'n rhyfeddol o gryf o'r hyscwydde tuag i lawr, ond braidd yn dene ac ysgafn miwn celfi llofft!

Dôs dim ishe gweud taw dim ond start ôdd ishe—wetyn bydde pethe'n siŵr o fynd tros ben llestri, a dyna ddigwyddws yn Nhafarn y Bont y prynhawn hwnnw. Ymhell cyn bod hi'n 'stop tap' rôdd y ddou yn 'itha anghyfrifol o'u hunen. Rôdd cwrw Tafarn y Bont wedi câl y llaw drecha arnyn nhw.

Erbyn hyn rôdd holl halibalŵ y ffair wedi tawelu am flwyddyn arall, heblaw cant o ddefed miwn lloc ym mhen pella iard y ffair. Draw âth y ddou, fraich ym mraich, igam-ogam, gyda Dai miwn llaish garw yn c'isho taro ar dôn y 'Gwenith Gwyn'.

"*For sale?*" gofynnws Bilo i'r gŵr bochgoch ôdd yn catw llyced ar y defed gan bwyso ar glwyd y lloc. Er na synnwn i fawr na wydde Bilo y gwa'nieth rhwng hwrdd mynydd a bwch gafar.

"Otyn, otyn," atepws y dyn yn reit ddihitans, wrth sylwi bod y ddou yn drwm dan ddylanwad y ddiod.

"Beth ŷch chi'n ofyn amdanyn nhw?" gofynnws Bilo wetyn.

Dal i syllu'n amheus 'nâth y gŵr bochgoch gan ateb yn reit swta:

" 'Sen i'n gwpod 'ych bod chi o ddifri, fe wetswn wrthoch chi."

"Rwy o ddifri. Beth yw dy farn di am y defed 'ma, Dai?"

"Defed bach 'itha neis," atepws hwnnw gan shiglo ar 'i goese fel lwmp o jeli. Synnwn i fawr nad ôdd e'n rejistro dwy ddafad lle nag ôdd ond un.

'Sech chi heb gyffro o'r fan 'na, dyma 'i'n ddechre bargeinio, dadle brŵd—dim dime dan ddwy bunt y pen. Prish go fowr yr adeg hynny am ddefed mynydd Cymreig. Dai, wrth gwrs, ôdd y *chief negotiator* ar ran Bilo. Fe g'ishws rhywun ôdd yn dipyn sobrach na nhw 'u perswadio rhag taro'r ddêl, ond yn gwbwl ofer, a châl ordors gan Dai i gatw'i drwyn mâs o'r fusnes. Rôdd yn dda gan hwnnw gael cau 'i geg. Fe gretws Bilo iddo 'neud clamp o strôc wrth daro'r fargen. Dôs dim dowt nad ôdd hi'n strôc anfarwol sy ar gof a chatw yr ardal hyd heddi.

Nawr rôdd rhaid talu. Dôs dim ishe gweud taw yn 'i ddillad gwaith rôdd Bilo, ond medde Dai gan sgrifennu siec o gan punt am y cyfan:

"Pleser o'r mwya bob amser yw helpu hen ffrind ysgol."

Dyna'r tyrn-owt rhyfedda yn hanes holl ffeirie'r ardal 'co. Wedi acor clwyd y lloc, a chyta help hanner dwsin o grots, dyna droi y defed i'r hewl fawr. Yn naturiol, yn sŵn y gw'iddi a'r rhandibŵ fawr, fe wylltws tua dwsin o'r defed. Wrth weld drws siop

Jones y Draper ar acor, miwn yr aethon nhw er mwyn c'isho dihangfa o'r fath ddistyrbans. Wrth i Jones 'u hymlid mâs o genol y dillad a'r defnyddie, dyna rai'n mynd rhwng coese Mrs Jones nes bod honno'n fflop ar 'i phen-ôl mewn llewyg. Fel 'se hynny ddim yn ddigon o annibendod, rôdd rhaid iddyn nhw dalu yn anrhydeddus trwy atel galanastra ar y carpedi lliwgar ôdd yn cuddio llawr y siop.

Wedi'r bwcwth a'r rheci gan y siopwr, ymlân âth yr orymdaith swnllyd nes cyrradd pen y daith gerllaw cartre Bilo a Lisa Bifan—Brynhyfryd—y tŷ top i gyd ar ben y Stryd Fawr; ond cretwch chi fi, dôdd hi ddim yn hyfryd iawn pan welws Lisa ffloc o ddefed, hanner dwsin o grots a dou ddyn meddw gerllaw drws y ffrynt. Fuws hi ddim yn nês 'riôd i droi ar 'i swdwl a diflannu miwn c'wilydd o olwg pawb na'r tro hwnnw.

"Wel, y diawl dwl!" medde 'i wedi i Bilo ddechre brolio am fath fargen ôdd e wedi'i 'neud wrth brynu'r defed. "O bob ffwlbri yn dy feddwdod, dyma'r ffwlbri penna."

Yna gofynnws Lisa ble'r ôdd e'n mynd i roi y defed. Dyna beth ôdd cwestiwn od nawr 'te, oherwydd dôdd gan Bilo ddim lled 'i ben-ôl ddwywaith o ardd, heb sôn am ddim 'chwaneg i'w rhoi nhw dros dro. Lwc fawr Bilo a Lisa ôdd fod ganddyn nhw gymdocion parod.

Fel rôdd hi'n dicwdd bod ar y pryd, rôdd y Cyngor wedi pwrcasu gweundir caeëdig gerllaw ar gyfer codi tai. Awgrymwyd taw dyna'r union fan i'w rhoi tros y nos, beth bynnag, a wetyn galw 'Council of Action' o'r cymdocion bore trannoth i drafod sut ore i helpu Lisa a Bilo mâs o'r gabolfa ryfedd yma.

Bore trannoth pan ôdd y 'Council of Action' wedi

ymgynnull ym Mrynhyfryd i g'isho datrys problem y defed, pwy ddâth a'i ana'l yn 'i ddwrn ond Dai Neuadd-las. Wedi sobri, rôdd Dai nawr yn sylwedd-oli taw 'i eiddo e ôdd y defed miwn gwirionedd oherwydd 'i siec e ôdd wedi mynd i dalu amdanyn nhw.

Dôdd neb yn falchach o glywed Dai yn hawlio'i eiddo na Lisa a'r cymdocion i gyd. Dyna ddiwedd ar bob trafoteth, tra ôdd Bilo nawr, oherwydd 'i non-sens y prynhawn cynt, yn cwato mewn c'wilydd yn y gwely o olwg pawb.

Ond arhoswch chi—dyw'r stori ddim cweit ar ben 'to. Bu rhaid i'r cwmni fynd gyta'i gilydd i gyf-ri'r defed rhag bod rhai wedi torri allan a chrwydro. Pan welws Dai Neuadd-las beth ôdd wedi dicwdd, a sylweddoli y dwldod ôdd e wedi'i 'neud yn 'i feddwdod, fe newitws 'i liw o fod yn fochgoch i fod yn llwyd-wynlas ole. Bu bron tagu wrth lyncu dŵr 'i ana'l. Tybed ôdd e'n gweld yn iawn? Wel! Wel! Beth i chi ôdd e wedi 'neud? Mae'n anodd cretu, ond mae'n 'itha gwir.

Rôdd e wedi prynu'n ôl yr union ddefed 'i hunan rôdd e wedi'u gwerthu yn y ffair dwrnod cynt heb 'u napod nhw. Rhaid 'i fod e'n feddw caib ac, fel 'se hynny ddim yn ddicon, yn ben ar y dwldod i gyd, rôdd e wedi rhoi mwy amdanyn nhw'n ôl na'r swm gafodd e miwn prish ar y cynta. Dôdd dim i 'neud nawr ond bod yn y golled a llyfu'r briwie . . . gan roi'r bai ar gwrw Tafarn y Bont!

YR HEN GRYDD

Mae hanes Rhyfel y Degwm yn wybyddus i bob Cymro gwerth ei halen, am y trais a'r gormes y bu'n rhaid i'r Ymneilltuwyr cynnar eu hwynebu oherwydd gorthrwm yr Eglwys Sefydledig. Mae'n wir na fu fawr o sôn am wroniaid Rhyfel y Degwm yng Nghwm Tawe heblaw yr hanes diddorol hwnnw am y frwydr fu rhwng gŵr o'r enw William Hopcyn y Crydd a Walters y Ffurad ym mhlwyf Ystradgynlais ym mhen uchaf Cwm Tawe. Dyma hanes sydd yn werth ei gadw'n fyw ar gof a thafod gwerin gyfan.

Gŵr cyhyrog o gorff a meddwl oedd William Hopcyn, Ymneilltuwr cadarn, ac yn radical wrth reddf. Efallai taw da o beth, er mwyn y rhai sy'n anghyfarwydd â Chwm Tawe ac ardal Ystradgynlais, fyddai dweud i'r Hen Grydd (fel yr adwaenid ef yn gyffredinol trwy'r ardal) a'i wraig Marged, a saith o blant bach, breswylio mewn fferm o'r enw Caemawr, yn ymyl pentre bychan Cwmgïedd—cwm prydferth sydd yn ymestyn yn hirgul i gesail y Mynydd Du.

Offeiriad plwy Ystradgynlais adeg Rhyfel y Degwm oedd dyn o'r enw Tomos Walters. Roedd Walters yn ŵr galluog, yn eglwyswr o'r eglwyswyr. Ni fu ei ffyddlonach mewn eglwys erioed. Credai yn ddiysgog nad oedd gobaith i neb gyrraedd Porth y Nefoedd heb fynd yn gyntaf trwy borth yr eglwys.

Dyna i chi nawr Walters y Ffurad mewn un pegwn, a'r Crydd o Gae-mawr yn y pegwn arall, a digon yw gweud i William Hopcyn yn ei sêl tros Ymneilltuaeth wrthod talu'r degwm i Walters. Er galluoced oedd y ffurad, roedd William Hopcyn yn y bôn cyn alluoced ag yntau, yn arbennig ar bwnc Ymneilltuaeth a'r annhegwch fod y werin Ymneill-tuol dlawd yn gorfod cyfrannu i gadw'r Eglwys Sefydledig i fyw yn foethus.

Bu cryn ddadle rhyngddynt ond, fel gŵr unplyg a thipyn o asgwrn cefn ganddo, fe wrthododd yr Hen Grydd dalu, a mawr fu'r gefnogaeth a gafodd gan yr ardalwyr yn hyn o beth.

Cofier fod yr offeiriad lawn mor styfnig, ac yn benderfynol o gael y degwm ryw ffordd neu'i gilydd. Methodd gael gan y crydd dalu trwy degwch (syniad yr offeiriad am degwch, wrth gwrs) ac, er mwyn sicrhau cael y tâl dyledus, mynnodd lwybrau cyfreithiol. Gan fod y gyfraith o'i du ef, fe drefnodd ffordd i werthu holl ledr y crydd er sicrhau yr arian, a dyna un o'r troeon ffolaf wnaeth Walters y Ffurad yn ei fywyd. Chwerwodd holl Ymneilltuwyr yr ardal, ac fe aeth pethau o ddrwg i waeth ar yr hen eglwyswr selog.

Wedi i'r heddlu gael ordors i symud yr holl ledr o ffermdy Cae-mawr, a'i roi yn ddiogel yng ngafael y ffurad, fe aeth brodorion yr ardal ati ar unwaith i gasglu cymaint o hen esgidiau ag y medrent ddod o hyd iddynt, a'u rhoi yn un pentwr mawr ar draws drws ffrynt y Ficerdy. Pan agorodd 'rhen Walters y drws bore trannoth, beth oedd yn ei wynebu ond pentwr o hen esgidiau. Ffromodd yn arw ar y fath sarhad ar ficer y plwyf, ac yn ei ddialedd gwnaeth weithred ffôl arall.

Fe wyddai'n iawn taw perchen ffermdy Cae-mawr oedd gŵr o'r enw Williams Tir-cwm—un o deulu enwog Williamsaid Aberpergwm gynt. Roedd hwn yn un o brif swyddogion parchus eglwys Walters ei hun. Er bod y perchennog a'r tenant yn ffrindiau mynwesol, fe lwyddodd y ffurad i'w berswadio i roi *notice* i'r crydd adael ei fferm—er bod ganddo wraig a saith o blant bach.

Yn hytrach na phlygu i ddialedd y ffurad, fe dderbyniodd yr Ymneilltuwr cadarn y *notice*, er y gwyddai, wrth gwrs, mai gyda gofid a thrafferth mawr y byddai'n rhaid iddo symud o'i fferm gyda'i deulu lluosog.

America oedd gwlad yr hud a'r lledrith yn y cyfnod hwnnw! Doedd dim amdani ond cynnal sâl ar unwaith er mwyn cael arian i dalu am y fordaith— pennwyd y dyddiad, ac roedd posteri yn hysbysebu'r ocsiwn eisoes wedi eu dosbarthu, ond o fewn dyddiau i'w sâl, fe dynnodd Williams y perchennog y *notice* yn ôl. Chwarae teg iddo. Roedd ganddo gydwybod a chydymdeimlad, peth nad oedd gan y ffurad, er taw hwnnw oedd yn pregethu 'Cariad', 'Maddeuant', 'Brawdgarwch', a rhinweddau tebyg.

Bu Mr Williams, Tir-cwm, a William Hopcyn y crydd o Gae-mawr, yn ffrindiau am eu hoes wedi hynny, er mawr ofid i'r hen Walters y Ffurad.

Dwy i ddim yn gwybod pa fardd lleol ganodd dan y teitl 'Lleder Crydd Cae-mawr' ond fe biniwyd copi o'r gerdd yn ddiogel ar ddrws ffrynt y Ficerdy, er mwyn gwneud yn siŵr y byddai'r Hen Walters ei hunan yn ei darllen hi. Bu'r gân am hir amser ar dafod gwerin Ystradgynlais a Chwm Tawe. Dyma hi fel y dysgais i hi gan fy rhieni:

Mae Rhyfel y Degwm yn mynd ar ei daith
A Walters y Ffurad o hyd wrth ei waith,
A chwyddodd ei ysbryd gormesol yn fawr
Wrth ddwyn holl leder 'rhen Grydd o Gae-mawr.

Pa ots am ddwyfoldeb na llwyddiant y Ne'?
Rhaid gosod 'rhen Grydd o Gae-mawr yn ei le:
Myfi ydyw'r Ffurad, a Brenin y Plwy—
Pa gythrel a fentra fy herio byth mwy?

Pan ishe cyweirio sach 'sgidiau yn awr
Gan Walters y Ffurad mae lleder Cae-mawr—
Ewch ato, frodorion, ewch ato yn glou,
Ficerdy yr Ystrad yw'r lle i chi droi.

Coblera mae'r ffurad yn llewys ei grys,
A'r bobol yn hawlio eu 'sgidiau ar frys,
Tra'r ffurad ei hunan yw cobler y plwy;
Mae lleder y Degwm yn awr iddo'n glwy.

Pan elo'r hen ffurad i'r byd 'rochor draw
Bydd Satan ei hunan bob amser wrth law,
Gan weiddi yn llawen—"Myfi bia hwn.
Hen leidr y lleder yw'r ffurad, mi wn."

Clodforer holl enwau gwroniaid eu ffydd—
Ar Lyfr y Nefoedd boed enw'r hen grydd;
Ond beth am 'rhen Walters—pa le y mae e?
Coblera yn uffern, a dyna ei le.

Fe ŵyr Cymru gyfan ers blynyddoedd bellach
pwy a orfu yn Rhyfel y Degwm. Roedd cannoedd ar
hyd a lled y wlad o'r un stamp â Chrydd Cae-mawr.
Os araf yw gorymdaith gwirionedd, mae ei gamrau
yn sicr. Mae enw William Hopcyn yn blodeuo hyd
heddiw yng ngardd Ymneilltuaeth ardal Ystrad-
gynlais.

Do, fe ddaeth awelon y fynwent ato yntau a
Walters y Ffurad yn eu tro, a chysga'r ddau bellach
mewn hedd yn nhir y fro heb air o sôn am Ryfel y
Degwm, na'r lleder chwaith.

Diolched Ymneilltuwyr yr oes hon am ddyn mor
gadarn tros ei gredo â William Hopcyn. Gorffwys ei
weddillion ym mynwent Capel Yorath, yn sŵn hen
afon Gïedd.

Pe digwydd i chi rywdro ymweld â phentre bach
tlws Cwmgïedd, trowch i mewn i fynwent y capel a

phlygwch lin ar lan bedd yr hen grydd fel arwydd
o'ch gwerthfawrogiad o'i aberth a'i safiad tros yr
hyn y credodd mor gadarn ynddo, sef Ymneill-
tuaeth.

Hedd, perffaith hedd, i'w lwch.

DAI BACH A DAI MAWR

Dydd Gwener ola ym mish Meti. Dyna i chi ddwrnod pwysica'r flwyddyn i ffermwyr Blân Cwm Tawe 'co—dwrnod y ffair ddefed. Rôn ni, grots 'rardal, yn câl hwyl arbennig y dwrnod hwnnw rhwng y cyfarth a'r brefu a'r mwstwr hanner ffrillyd rhwng y prynwyr a'r gwerthwyr wrth g'isho taro bargeinion, yn enwedig 'sen nhw wedi bod yn llym'itan dipyn yn drwm yn Nhafarn y Bont.

Yn amal iawn fyddai'n ddim syndod yn y byd gweld ambell i ddiacon dicon parchus yn cosgamu sha-thre yn igam-ogam a gorfod troi ar hyd y ffordd i ddadlwytho'r ddiod heb fod neb yn cymryd unrhyw sylw. Tepyc taw tipyn o *licence* efengyledd ar ddwrnod ffair yn unig ôdd hynny hyd yn ôd gan yr Hen Gorff i'w saint etholedig.

Yn cered o gylch iard y ffair trw'r prynhawn, mor ddiflas â thatws heb halen, rôdd Dai Bach a Dai Mawr, heb gyment â phris hanner peint o gwrw rhwng y ddou. Fentren nhw ddim troi miwn i'r dafarn oherwydd 'u bod nhw 'ishws mewn hen gownt 'no, ne'—fel rŷn ni'n gweud yng Nghwm Tawe 'ma—rôdd 'u slât nhw'n llawn. Rhyw gatw draw oddi wrth y ddou rôdd pawb oherwydd 'drychid arnyn nhw fel rhyw spwnjers cymdeithasol yn ymdopi ar fyw'n aflêr a dihitans.

Saer maen, ne'—fel rŷn ni'n gweud yn y cwm 'ma 'meswn'—ôdd Dai Bach, a chrefftwr reit iwsffwl dim ond 'i gâl e i 'neud job . . . ond fod hynny'n fwy o job na'r jobyn 'i hunan yn amal iawn. Ar bob cyfri, bydde rhaid atal y talment cyn cwpla'r job, ne' dyna 'i'n ffarwél wetyn. Welse neb mo'i gysgod nes bod e miwn *financial crisis* arall.

Rhyw fath o *handy-man* ôdd Dai Mawr—bob amser wrth law pan fyse ishe help ar Dai Bach i 'neud ambell i job. Rôdd e 'ishws wedi rhoi 'i hunan i hanner pwyso ar draws y wal godderbyn â Thafarn y Bont, tra ôdd Dai Bach yn cered 'nôl a blân yn reit feddylgar, gan wthio'i ddwylo yn dynn i boceti'i drwsus melfarét. Wrth gwrs, dôdd dim yn y poceti hynny ond lluwch a baw.

Ar 'i drâd rôdd pâr o 'scitshe heb 'u glanhau ers dod o'r siop, a'u swdle wedi tr'ulo ar naill ochor hyd at y gwandde. Heblaw bod 'i grys gwlanen yn galw'n druenus am ddŵr a sebon, rôdd dou ne' dri o'r bwtwne yn ishe oddi ar 'i frest samllyd. Yn cuddio penned o wallt di-drinieth rôdd pwt o gap brethyn ôdd yn llawer rhy fach i ffitio'r copa uchel. O ran pryd a gwedd, rôdd e'n tueddu i wargamu tipyn, trwyn braidd yn bigfain, clustie yn llawer rhy agored. Rôdd 'i ddou lycad bob amser fel 'sen nhw ar hanner cau, yn cyfleu'r syniad fod 'na ryw gynllwyno parhaus yn corddi yn nirgelwch 'i ymennydd.

Rôdd Dai Mawr yn gymeriad hollol wahanol—anferth o ddyn, gwyneb llytan, dou lycad glas, agored, mwstash trwm fel perth o ddrain, a thrwch tri diwrnod o farf fel *barb wires* o glust i glust. Dôdd dim byd cynllwyngar yn 'i edrychiad, ond 'falle braidd yn ddiniwed. Dôdd e byth yn wherthin. Yn wir, anamal iawn y clywsech chi e'n siarad o gwbwl. Ma'n nhw'n gweud taw gorchest fwya anfarwol Dai Mawr ôdd llyncu pedwar peint o gwrw heb dynnu'i ana'l. Dyna i chi rwpeth gwerth 'i roi fel coffadwriaeth ar 'i garreg fedd. Dôs dim dowt nad ôdd holl ogoniant Dai Mawr o'r hysgwydde lawr tra ôdd Dai Bach yn dibynnu ar 'i slicrwdd meddwl. Dai Bach ôdd yn rhoi yr ordors, tra ôdd Dai Mawr yn gwrando a'u cario allan.

Pwyso yn erbyn 'i wal rôdd Dai Mawr o hyd pan sylws e fod Dai Bach wedi câl pwl o wherthin rhyfedda. 'Drychws arno yn hurt reit:

"Beth sy wedi dod trostot ti? *Brain wave?*"

"*Brain wave!*" atepws Dai Bach—"Ha! Ha! Ha! Ha! Dwy i heb wherthin cyment 'sblynydde," medde fe wetyn gan wascu'i ddyrne yn erbyn 'i ochre.

"Beth sy'n bod 'te?"

"Dim ond cynllun bach dicon hawdd fel y medrwn ni'n dou gâl tipyn o ddiod i dorri'r syched cythrel 'ma," medde fe gan roi'i law ar hysgwdd Dai Mawr, a sibrwd rhwpeth yn 'i glust. Shiglo'i ben 'nâth hwnnw fel arwdd dicon pendant nad ôdd e'n cytuno â'r cynllun.

"Ond gwranda nawr, bachan," medde Dai Bach braidd yn ddiamynedd wrth weld 'i ffrind ôdd bob amser mor barod i gyd-weld, ond nawr mor benstiff â bwstach. Bu'n sibrwd wetyn am hir amser. Yn rhaddol fach rôdd Dai Mawr yn hanner considro posibilrwdd y cynllun. Bu Dai Bach yn ddicon smart i sylwi ar hynny ac medde fe:

"Rwyt ti'n gweld nawr 'te?"

"O otw—otw! Mae e'n syniad 'itha da."

"Wel? Rwyt ti'n barod i roi cynnig arni?"

" 'Sgwn i a fydda i'n agored i gâl 'y 'nghosbi?"

"Pwy sy i w'pod y gwa'nieth, bachan?"

"Ôlreit," atepws Dai Mawr wedi rhyw hanner-cloffi rhwng dau feddwl. "Ond ble 'te?" gofynnws wetyn.

"Ond ar 'runion fan ŷn ni arno nawr, a dôs dim

amser i oedi, cofia. Dim ond i ti 'neud fel y gwetes i wrthot ti, wetyn fydd popeth yn iawn, a gopeth am flasu rhwpeth llawer cryfach na dŵr i dorri'r syched tragwyddol 'ma.''

Wedi i Dai Mawr roi'i hunan ar 'i hyd ar y llawr, gan 'neud y mwstwr mwya aflafar, a chico, a throsi, fe ruthrws Dai Bach i genol yr hewl a gweiddi ar dop 'i laish:

"Help! Help! Help! Help o rywle ar unwaith, ne' mae e siŵr o farw dan 'yn dwylo ni!''

Fel bysech chi'n dishgwl, ar glywed y fath sgrechfeydd oerllyd, fe ruthrws holl gwsmeried y dafarn mâs ar unwaith er mwyn gweld beth allse fod wedi dicwdd.

"Rhaid 'i fod e miwn poene ofnadw,'' medde Dai Bach gan bwyntio at Dai Mawr ôdd ar 'i hyd ar y llawr yn c'isho ymddangos fel 'se fe miwn cyflwr ôdd yn galw am sylw. "Fe ddigwyddws mor sydyn, w,'' medde fe wetyn gan droi at y cwsmeried ôdd erbyn hyn wedi crynhoi yn gylch am y claf. "Druan ag e. O, na fyse gen i ddropyn o frandi ne' *rum* i roi i'r pŵr dab. On'd yw hi'n biti idd'i weld e?'' medde fe gan roi'i law yn dyner dan ben 'i ffrind.

Wrth glywed y fath gynnwrf, fe ddâth Mrs Ifans, y dafarnwraig, mâs gan ofyn, "Beth sy'n bod 'ma?''

"O! Mrs Ifans!'' atepws Dai Bach mewn llaish mor deimladwy a thruenus â gwningen yn safn gwenci. "On'd yw e mewn picil ofnadw. Yn wir, Mrs Ifans, os gallwch chi achub bywyd 'rhen ffrind mynwesol 'ma, fe gewch y fraint o 'ishte ymhlith saint y nefoedd.''

"Beth alla i 'neud?''

"Dim ond llamed o frandi, Mrs Ifans, os gwelwch yn dda.''

"Hanna," gw'iddws Mrs Ifans ar y forwn ôdd yno yn helpu tros dro ar ddwrnod y ffair ddefed.

"Ie, Mrs Ifans!"

"Dewch â llamed o frandi 'ma ar unwaith."

"Gwyn 'ych byd chi, Mrs Ifans! Ŷch chi'n fenyw garedig. Fydd y Bod Mawr siŵr o gofio amdanoch chi am hyn. Fe gewch le anrhydeddus ymhlith yr anfarwolion yr ochor draw," medde Dai Bach yn reit foneddigedd.

Yn union, fe ddâth Hannah â bron llond gwydr hanner-peint o frandi. Rôdd llyced Dai Bach fel dwy seren wib pan welws e y gwydried brandi. Medde fe gyta gwên hawddgar:

"Wel! yn wir, Mrs Ifans. Dyma beth yw gweithred dda. Rwy'n meddwl y dylsen i yfed ychydig fel arwdd o iechyd da i chi am 'ych cymwynas i hen ffrind."

Pan ôdd Dai Bach ar fin cwnnu y gwydr hanner-peint at 'i wefus, fe gwnnws Dai Mawr ar 'i 'ishte. Rôdd gweld brandi yn ormod o demtasiwn iddo. Gan estyn 'i law fawr ymlân tros yscwdd Dai Bach fe gytshws yn y gwydr, a'i dynnu'n siarp o afael hwnnw, a whap—ar un llwncad, fe yfws y cyfan cyn i Dai Bach sylweddoli beth yn iawn ôdd wedi dicwdd. Wedi dod tros y syndod, fel 'lysech yn dishgwl, rôdd e'n awr yn benwan whalics.

"Rascal! Scowndrel! Blydi Scowndrel! Tric brwnt. Gobitho bydd dy hen esgyrn di yn llosgi yn uffern cyn y bore, a bydd holl ddiawled y gwyll yn glorio wrth sylwi arnat ti'n difa yn y gwres."

Erbyn hyn rôdd Mrs Ifans wedi sylweddoli taw cynllwyn ôdd y cyfan i dynnu diod am ddim, a'i gwneud hi'n destun sbri yng ngolwg 'i chwsmeried.

"Scrownjers, myn cythrel i! Twyll i gyd. Piti na fyse'r polîs 'ma nawr i'ch 'rhesto chi am 'neud shwd dric—yn y jael ma'ch lle chi—y ddou ddihiryn," medde 'i gyta ffroth yn tasgu o'i gene.

Pan glyw-ws Dai Mawr y gair 'polîs' a ' 'rhesto' fe gwnnws ar 'i drâd yn wyllt reit. Gytag un sweip â chefen 'i law fawr, dyna ergyd i Dai Bach nes bod e'n bac-pedlo am dair neu beter llâth, a wetyn fflop ar 'i ben-ôl. Dyna Dai Mawr wetyn trw'r dyrfa ôdd o'i amgylch, a bant ag e sha-thre cyn gynted ag y medre'i drâd idd'i gario i gyfeiriad Twyn y Garth.

Wrth gwrs, testun sbri oedd y cyfan i'r cwsmeried ôdd wedi bod yn hamddena yn Nhafarn y Bont, ond dal i ddangos 'i dwrn dan drwyn Dai Bach rôdd Mrs Ifans o hyd, a'i fwcwth yn ddiarbed: "Os na dali di, 'machan i, fe gosba i di! O gwna! Tric cythr'ulig o anonest," medde 'i ar dop 'i llaish. Roedd hi fel folceno berwedig.

"Beth sy arnoch chi, fenyw?" gofynnws rhyw ffermwr bochgoch. "Ma' tipyn o sbri iachus fel hyn yn well na llond bwced o foddion doctor, fenyw," medde fe wetyn.

Chi'n gweld, rôdd Mrs Ifans yn fenyw ôdd bob amser yn c'isho dangos 'i bod hi'n *cut above* y cyf-fredin. Dôdd dim iws i neb whare caste â hi. Rôdd tipyn o *starch* yn perthyn iddi. Catw 'mlân i dafodi yn lloerig rôdd hi pan ofynnws y ffermwr beth ôdd prish y dropyn brandi, a'i thalu yn ddiseremoni amdano.

"Dyma beth yw dwrnod ffair yn cwpla miwn hwyl iawn. Dere 'mlân, Dai Bach—rwyt ti'n werth tipyn ecstra o frandi heno."

Ond nid yn ôl i Dafarn y Bont. O na. Synnwn i fawr na fu'r prynhawn hwnnw yn wers fythgofiadwy i Mrs Ifans fod tipyn o ddiplomasi yn talu ar 'i ganfed, yn enwedig pan welws hi yr holl o'i chwsmeried yn cered bant gyta Dai Bach ym mhen blân yr orymdaith.

Fel y gwetws un hen wàg o golier, "Mae'n *too late* i gwnnu'r baish ar ôl iddi wlychu 'i hunan."

SAM Y GAFFER

Mae yna ddywediad sydd yn ddigon cyfarwydd ar dafod gwlad—"Morwyn i forwyn—morwyn y diawl". Mae hynny yn wir ymhlith pob dosbarth o weithwyr. Cofier nad yw pob bai am bob gorthrwm a gormes ar y meistri. Mae llawn cymaint o fai ar rai o'r swyddogion a'r gweithwyr eu hunain. Yn fynych, gwerthant eu cydweithwyr am ffafrau a gwenau'r meistri.

Un o hen driciau *manager* doeth oedd, pe digwyddai fod ganddo weithiwr yn y lofa oedd dipyn yn benboeth ac yn anodd ei drafod, byddai'n ei ddyrchafu yn swyddog. Un o'r bobol hynny oedd Sam.

Wedi ei roi mewn swydd gaffer, newidiodd Sam i gyd— "Gweithiwr i weithiwr—gweithiwr y diawl". Credai taw efe oedd ymerawdwr y lofa—yn gwybod popeth ac, yn amal iawn, mwy na phopeth hefyd. Roedd beunydd mewn gwrthdaro â'r gweithwyr ar faterion tâl teilwng am ddiwrnod gonest o waith. Roedd yn ddyn caled fel gaffer, ac eto yn grefyddwr selog. Dywedodd Dai Beca wrtho un tro, wedi iddynt fod yn hir ymgecru am ragor o arian am ryw waith roedd Dai wedi ei wneud:

"Clyw, Sam! Ma'n nhw'n gweud wrtho' i fod ti'n spesial ar dy linie lan sha Capel Pisgah 'na, ond unwaith rwyt ti'n cwnnu ar dy drâd, ma'r diawl yn afel â ti."

Roedd ei wraig, Lucy Gwen, yn dipyn o hen

grechen hefyd. Fel Gwen Gaffer yr adwaenid hi yn
gyffredinol gan bawb, a chofiaf yn dda amdani yn
cerdded i mewn i'r gwasanaeth ar nos Suliau
gyda'r steil mwyaf deniadol ac, er mwyn gwneud
yn sicr bod pob llygad o'r gynulleidfa arni hi, roedd
ar ei thraed bob amser bâr o *shoes* fyddai yn
gwichian tros yr holl le. Os na fyddent yn gwneud
hynny yn addas i Gwen Gaffer, yna byddai yn eu
danfon yn ôl i'r siop.

Ond yn rhyfedd iawn, mae hen olwyn fawr bywyd
yn troi a throi a throi yn gyson. Yn sydyn daeth *turn-
about* yn hanes Sam a Gwen Gaffer. Cafodd Sam
ddamwain—bu dan gwymp—ac o fewn eiliadau
wedi ei ryddhau disgynnodd tunelli lawer o'r to ar
yr union fan lle bu Sam. Bu'n rhaid iddo fynd i'r
ysbyty am lawdriniaeth.

Yn y cyfnod hwnnw roedd yn arferiad gan y
glowyr, wedi iddynt ddisgyn i'r tywyllwch tan
ddaear, ymgasglu at ei gilydd a chael 'mwcyn
gweld' —hynny yw, hoe fach o ryw ugain munud i
hanner awr er mwyn i'w llygaid gynefino â'r
tywyllwch. Byddai pob math o bynciau yn cael eu
trafod yn ystod 'mwcyn gweld', o ddiwinyddiaeth y
bregeth nos Sul i'r sgandal ddiweddaraf.

Y cwestiwn cyntaf yn codi o'r agenda y bore
arbennig hwnnw oedd, "Shwd ma' Sam? Beth yw
'i hanes e?"

Tawelwch. Neb yn dweud dim fel petai pawb yn
reit ddihitans. Ond dyna lais Bob Lisa yn torri ar
draws y distawrwydd. Buasai Bob a Sam mewn
gwrthdaro ffyrnig y diwrnod cynt am gael tâl
teilwng am y gwaith roedd Bob wedi ei wneud.
Gwrthod wnaethai Sam.

"Gwetwch wrtho' i, bois. Pwy dynnws yr hen
Sam mâs o dan y cwymp 'na ddo'?" gofynnodd
Bob. Atebodd neb oherwydd gwyddent yn dda fod

gan Bob ddywediadau digyffelyb a fyddai'n peri syndod a chwerthin ar bawb. "Wel! Pwy bynnag 'nâth e, rôdd bai mawr arno fe. Dylse gâl 'i dorri mâs o fod yn *member* o'r NUM. Ddylsen ni ddim cydw'itho gytag e."

Bu Sam am hir amser yn yr ysbyty, ond amharodd y ddamwain gymaint arno fel na ddaeth e byth 'nôl i lofa Scedwyn. Doedd dim o'i eisiau bellach ar y meistri, ac fe'i taflwyd ar y clwt. Does dim sentiment mewn diwydiant. Fedrai'r gweithwyr byth anghofio'i ecsploets fel gaffer. Roedd yn ddyn unig.

Roedd yn edifar ganddo—ond *too late*, Sam. "Nid yw'r felin byth yn malu ar y dŵr sydd wedi mynd."

Mae Sam a Gwen Gaffer wedi ymadael â'r fuchedd hon ers blynyddoedd bellach. Dyw'r genhedlaeth bresennol yn gwybod dim amdanynt, ond mae'r gerdd 'Parchus Goffadwriaeth' i Sam ar gael o hyd. Dyma hi:

Hunanoldeb ar ei daith
Ydoedd Sam ar hyd y gwaith.
Ynddo roedd cyfrwystra drwg—
Roedd ei 'bot' fel poten fwg.
Hunanoldeb ar ei daith
Ydoedd Sam ar hyd y gwaith.

Gelyn coliers oedd efe,
Clecgi ffyddlon mwya'r lle.
Ar ei glecs yr oedd yn byw,
Swyn pob clec a ddaeth i'w glyw.
Hunanoldeb ar ei daith
Ydoedd Sam ar hyd y gwaith.

Cere nawr, y clecgi diawl,
Wrth dy glecs dest i dy hawl.
Lluo'r meistri oedd dy win.
Mêl oedd clecs ar hyd dy fin.
Hunanoldeb ar ei daith
Ydoedd Sam ar hyd y gwaith.

Dyma bennill fyddai'n addas i'w roi ar garreg fedd
pob clecgi:

> Byddar heddiw glust y clecgi,
> Ni chlyw glec dan do y bedd.
> Darfu'r clecs; mae yntau'n pydru
> O dan ywen brudd ei gwedd.
> Mud ei dafod fu yn glecog.
> Iddo mwyach—hin o hedd.

SHONI BULL

O gylch Dyffryn Aman y daeth Shoni, yn *Under-Manager* i Bwll Ystrad-fawr—dyn cas, sarrug, na wyddai beth oedd ystyr boneddigrwydd na thegwch, dyn y meistri i'r carn. Oherwydd ei styfnigrwydd, mewn fawr amser fe'i bedyddiwyd gan y gweithwyr â'r ffugenw Shoni Bull. Ychydig iawn o bobol yr ardal wyddai beth oedd enw bedydd Shoni, ond pe gofynnech i unrhyw ddyn, gwraig neu blentyn (a'r rhai hynny yn ddieithriaid) am Shoni Bull, medrent eich ateb ar unwaith. Roedd ganddynt achos tros hynny. Aeth yn streic yn ei erbyn. Er ei bod hi'n gyfnod y teuluoedd mawr a'r cyflogau prin, ni fedrent ddioddef rhagor o ormes Shoni. Roedd yn rhaid ei symud. Fel'ny y bu. Cafodd swydd mewn glofa arall ym mhen ucha'r cwm lle nad oedd mewn cysylltiad uniongyrchol â'r gweithwyr.

Fe wyddai pawb fod Shoni yn aelod parchus yn y Conservative Club, a phob nos yn gyson am naw o'r gloch roedd ar ei ffordd i'r Clwb, am ei beint neu ddau, ac yna dychwelai adre i noswylio.

Un noson aeth tri o goliers Pwll Ystrad-fawr i guddio yn y tywyllwch gerllaw'r Clwb gyda'r bwriad o roi curfa iddo na fyddai byth yn ei hanghofio. Er syndod iddynt ni ddaeth Shoni i'r Clwb y noson honno. Pam? Does neb yn gwybod.

Ond fel pawb arall yn eu tro, 'daeth i ben deithio byd' yn hanes Shoni hefyd. Claddwyd ei weddillion yn oerni gro mynwent eglwys y plwyf, gan adael atgofion digon diflas ar ei ôl.

Un fu dan orthrwm Shoni Bull oedd Gwilym Cynlais pan oedd yn ŵr ifanc yn gweithio ym Mhwll Ystrad-fawr. Cymerodd ran yn y streic. Datblygodd Gwilym yn berson diwylliedig ac yn fardd o fri. Cyfrifid ef ymhlith goreuon Cwm Tawe yn ei ddydd. Roedd yn eisteddfodwr a chystadleuydd peryglus. Enillodd amryw gadeiriau a choronau mewn eisteddfodau safonol.

Ymhen amser wedi claddu Shoni roedd Gwilym mewn cynhebrwng cyfaill. Wrth gerdded yn araf i gyfeiriad mynedfa'r eglwys, tynnwyd ei sylw at fedd ar ymyl y ffordd a oedd yn laswellt trosto. Roedd yn amlwg nad oedd gan neb bellach unrhyw ddiddordeb ynddo—bedd Shoni Bull.

Yn ystod y gwasanaeth yn yr eglwys gwelwyd bod Gwilym wrthi yn ddiwyd yn ysgrifennu.

Wedi i'r cynhebrwng ddod i ben gofynnodd i rai o'i ffrindiau ddod gydag ef i lan bedd Shoni, ac yno darllenodd ei gerdd goffadwriaeth i Shoni Bull:

O dan y las dywarchen
Fel lludw yw dy wedd,
A minnau heddiw'n llawen
A odlaf uwch dy fedd.
Pa le mae'r aur a'r arian
Est o fy llafur gynt?
Rwyt nawr yn ddigon truan,
Mae'th logell heb fy mhunt.

Cwsg di, 'rhen Shoni cribog,
Yn dawel dan y gwair.
Fe fuost yn gyfoethog
Ond heddiw, ple mae'th aur?
Ar waethaf pwys dy ormes
Mae Gwilym eto'n fyw,
A thithau'n llwyd dy hanes
Heb ddim yn erw Duw.

Cest dithau yn llaw amser
Anghofio dydd dy fyw.
Y dydd a ddaeth i'r gaffer
Gael tâl yn offis Duw.
Clyw nawr, faint gwell wyt heddiw,
Ar ôl fy ngwasgu gynt,
Yng nghastell prudd y meirw
Heb ddimai, swllt, na phunt?

Boed hedd i ti, er hynny,
O fewn y farwol fro,
Mae'n debyg y cei gysgu
Heb aflonyddu'th go'.
Mi ganaf uwch dy hunell,
Meddyliaf uwch dy lwch,
Gosodaf ar dy gangell
Fy miloedd nawr yn drwch.

GWEDDI JOHN Y GOF

Roedd yn arferiad ym mhentrefi Blaen Cwm Tawe 'slawer dydd cynnal cyrddau gweddi undebol yn ystod wythnos gyntaf pob blwyddyn newydd, ac roedd cynulleidfa luosog yn mynychu'r oedfaon yma yn gyson. Cynhelid y gwasanaethau yn y gwahanol gapeli ar wahanol nosweithiau.

Noson yr Annibynwyr oedd hi, ac wrth gwrs gweinidog Salem oedd wrth y llyw.

Wedi iddo fynd trwy'r rhannau arweiniol yn ddigon dymunol, gofynnodd i John y Gof, a oedd yn un o ddiaconiaid Capel Salem:

"Ddewch chi, Mr John Lewis, ymlaen i'n tywys ni ymhellach mewn gweddi?"

Ond ysgwyd ei ben wnaeth John fel arwydd digon pendant nad oedd am gymryd rhan. Gofynnwyd i un o'r Methodistiaid oedd yn y gynulleidfa ddod ymlaen. Ufuddhaodd ar unwaith. Cafwyd gweddi deimladwy, syml a chydwybodol, o'r frest.

Gofynnwyd i un o'r Bedyddwyr ddod ymlaen a chafwyd gweddi wresog, ddagreuol ganddo. Cyn gynted ag y cododd y Bedyddiwr ar ei draed i fynd yn ôl i'w sedd dyma John y Gof ymlaen fel bwlet heb i'r gweinidog ofyn iddo. Yno y bu e ar ei liniau yn y sedd fawr yn adrodd ac ailadrodd emynau Williams ac eraill, a bustachu trwy'r ysgrythurau nes bod pawb wedi hen ddiflasu ar glywed ei lais. Bu wrthi am dros hanner awr, ac fe glywyd ochenaid o ryddhad gan y gwrandawyr pan glywsant yr "Amen" o enau John y Gof. Aeth yn ôl i'w sedd, ac meddai gydag ymffrost:

"Dyna real sweip iddyn nhw. Mae'n bwysig bod ni fel Annibynwyr yn dangos beth ŷn ni'n gallu 'neud."

Gofynnwyd i'r hen sant Dafydd Dafis Tir-coed beth oedd ei farn e am John y Gof. Gŵr duwiol, aeddfed ei farn oedd Dafis, a'i destimonial yn amlwg i bawb yn rhadlonrwydd ei fywyd beunyddiol. Doedd e ddim yn ddyn cyhoeddus, ond ar nos Suliau pan fyddai yn rhy arw i'r teulu fynychu y cysegr, yna byddent yn cynnal gwasanaeth teuluol yn nhawelwch tyddyn unig Tir-coed ar lethrau'r Mynydd Du.

"Esgyrn sychion dyffryn Eseciel oedd y cyfan," atebodd Dafis. "Rwy'n sicr iddo darfu'r Ysbryd Glân o'r gwasanaeth. Aeth dim gair ymhellach na *ceiling* y capel."

Gwir ddywedodd Dafis. Pan aeth y gofalwr i ymweld â'r capel bore trannoeth, er mawr syndod iddo roedd darn canolog (*centre-piece*) y nenfwd ar lawr y capel yn deilchion mân. Gweddi John y Gof gafodd y bai bod rhan o'r nenfwd wedi rhoi dan bwysau holl eirfa'r weddi nad aeth ymhellach na'r to. Dyma fel y canodd bardd lleol am y weddi honno:

> Glywsoch chi hi? Bu John yn boenus o hir.
> Gweddi ysgrythurol, er nad oedd yn glir.
> Fe gysgodd gwrandawyr o dani fel *rock*,
> Ac eraill edrychai'n ddi-baid at y cloc.
> Fe ddaeth yr 'Amen' tua'r marc hanner awr
> Ac ambell gysgadur a gwynai yn fawr.
> Ond gwenodd y dyrfa gan ddiolch yn llon
> Pan ddaeth yr "Amen" o enau John.

Ac ambell hen sant a ddywedodd yn syn:
"Chês i ddim bwyd ynddi, yn onest, ond hyn—
Rhyw bentwr o eiriau a choegni di-flas
Gweddi gwmpasog, ond rhyfedd o ddi-ras.
Yn wir, fe wnaeth John yr Anfeidrol ei hun
Yn rhywun bach gwannaidd, di-sut a di-lun.
Ond yr oedfa a flinodd ar glywed hon,
Am weddi 'scrythurol' doedd debyg i John."

Y weddi ddieiriau, ddiragrith a thaer
Wna dderbyn holl ddwyfol fendithion Mab Mair.
Na fyddwch siaradus, orchmynnai Efe,
Ond druan â John—rhyw glebran wnaeth e,
Mor sych â hen grwstyn, mor ddiflas â baw
A'r Ceidwad ddywedodd rhwng syndod a braw:
"Drigolion Cwm Tawe, gweddïwch yn llon,
Anghofiwch yr holl ddwldod ddywedodd John."

TOMOS WILLIAM

Roedd Tomos William yn ŵr diwylliedig, gwybodus, â phrofiad personol o adfyd ei gydlowyr dan ormes didostur perchenogion y glofeydd a'u cynffonwyr. Bu yn hynod ffyddlon i'w gapel, ond yn rhyfedd, er ei gydnabod yn ŵr deallus ac yn ysgrythurwr gwych, ni chafodd ei gydnabod gan ei gyd-gapelwyr. Roedd y sedd fawr yn gyfyngedig i'r crach-fonedd—siopwyr y pentre, y rhan fwyaf ohonynt, ac ambell bwt o athro diniwed yn eu plith—pobol oedd yn llawer mwy hyddysg ar y Stock Exchange nag oedd-ent yn eu Beiblau. Hwy oedd y bobol bwysig—un o bobol yr ymylon oedd Tomos William a'u debyg, ond eto, cadwodd ei ffydd. Bu'n ddiwyd yn gosod seiliau gwleidyddiaeth ei Gymru ddelfrydol i'r oesau a ddêl, ond i grach-grefyddwyr y cyfnod doedd ei syniadaeth yn ddim ond sarhad. Dyma gerdd a ysgrifennodd Tomos William i'w Gymru gyfoes gan obeithio am loywach Cymru yn y dyfodol agos. Os anwybyddwyd Tomos gan ei gyd-gapelwyr, mae ei gerdd yn llefaru trosto o hyd. Mi ddês ar ei thraws yn y Llyfrgell Genedlaethol wrth chwilio am fân bethau eraill:

Gwlad y gân, gwlad y cwrw,
Gwlad lle gwneir crefyddol dwrw.
Gwlad capeli, gwlad tafarnau,
Gwlad y gobaith, gwlad yr ofnau.

Gwlad y gân a gwlad y gofid,
Gwlad y cyni, gwlad yr hawddfyd.
Gwlad paradwys goludogion,
Gwlad sy'n uffern i'r tylodion.

Gwlad yr Ysgol Sul lle dysgir
Plant y wlad—y cam a'r cywir.
Heddwch, rhyfel, Protestaniaeth,
Ein henwad ni, a pheth Pabyddiaeth.

Gwlad gyfoethog iawn o fwynau,
Gwlad y beirdd a'r llu emynau,
Gwlad landlordiaeth, gwlad y gormes,
Drwy yr oesau yw ei hanes.

Gwlad pregethwyr, gwlad cerddorion,
Gwlad y tlotai, gwlad y mawrion.
Gwlad gwleidyddion—'chydig ddewrion—
Safant dros bur egwyddorion.

Gwlad cyn hir lle Cymdeithasiaeth
Rydd i'r gweithiwr iachawdwriaeth,
Nid *good time* mewn byd dyfodol
Ond cyfiawnder yn bresennol.

Gwlad wna uno â'r holl wledydd
Er hwyluso'r Ddaear Newydd.
Lle cyfiawnder fydd y rheol,
Plant 'run Tad fydd yn un bobol.

DAETH Y BŶS I ABER-CRAF

Dewch i ganu nawr yn hwylus
Gân fach newydd—cân ddifyrrus.
Unwn oll i ganu'r gytgan,
Mae y bŷs yn mynd i bobman.
   Daeth y bŷs i Aber-craf,
   Daeth y bŷs i Aber-craf,
Mae y coliers nawr yn canu:
   Daeth y bŷs i Aber-craf.

Gwŷr Cwm Tawe sydd yn moli
Am fod bŷs yn dod mor handi
Ar ôl gweithio dwrnod caled
Mae y bŷs yn sbario cerdded.
   Daeth y bŷs i Aber-craf,
   Daeth y bŷs i Aber-craf,
Mae y coliers nawr yn canu:
   Daeth y bŷs i Aber-craf.

Pe bai'n bwrw glaw neu'n hindda,
Storom wyllt, neu'n bwrw eira,
Mae y bŷs yn wastad handi
I fynd i'r lofa neu i garu.
   Daeth y bŷs i Aber-craf,
   Daeth y bŷs i Aber-craf,
Mae y coliers nawr yn canu:
   Daeth y bŷs i Aber-craf.

Mynd mae'r gwragedd nawr yn hapus
I 'Bertawe yn y bysus;
Cwestiwn mawr ar dafod miloedd—
Pryd ceir bŷs i fynd i'r nefoedd?
   Daeth y bŷs i Aber-craf,
   Daeth y bŷs i Aber-craf,
Mae y coliers nawr yn canu:
   Daeth y bŷs i Aber-craf.

Un o'r teithwyr cyson ar y bỳs ben bore i lofa Aber-craf oedd Twm Joe. Un bore Llun, yn anffodus, fe gysgodd Twm yn hwyr. Fe gollodd y bỳs. Doedd dim i'w wneud ond mynd cyn gynted ag y medrai er mwyn ceisio cyrraedd pen y lofa cyn bod yr hwter saith yn chwythu. Roedd clywed honno yn arwydd pendant fod *stop lamp* i bawb wedyn os na châi ganiatâd a nodyn oddi wrth y rheolwr. Heb hynny byddai'n rhaid iddo fynd adre. Anamal iawn y byddai rheolwr yn gwrthod nodyn i neb, heblaw bod hwnnw'n gysgadur cyson.

Ond fel roedd yn digwydd roedd *manager* newydd wedi ei benodi i reoli glofa Aber-craf—Sais o rywle, ac yn ysu am y cyfle i osod ei stamp awdurdodol bob cyfle posibl ar y gweithwyr. Pan oedd Twm o fewn cyrraedd y *lamproom* dyma'r hwter yn mynd a drysau'r *lamproom* yn cau. Pwy ddaeth o'i swyddfa ond y *manager* newydd. Heb unrhyw ystyriaeth na chyfle i Twm ofyn am ei lamp dyma fe'n gweiddi fel tarw:

"*Stop lamp to Twm Joe. Home you go! Go on home, Twm Joe.*"

Druan o Twm. Wedi'r holl ymdrech bu'n rhaid iddo droi tua thre a wynebu storom arall—tafod crafog Martha ei wraig—oherwydd mewn cyfnod pan oedd y cyflogau mor isel roedd colli shifft yn golygu twll yn y pai nos Wener.

Ysgrifennodd Twm gerdd i gofio'r achlysur trwy efelychu bardd enwocaf Cymru, y Bardd Cocos. Camp go fawr.

Ffỳs! Ffỳs! Ffỳs!
  Cythrel o ffỳs wrth golli'r bỳs
    Ar fore dydd Llun.
    Dyna chi hen dro blin!
Wedi rhyteg trw'r glaw
A'm cap yn fy llaw
A'r bocs bwyd yr ochor draw,

Wedi cyrradd y gwaith
Pwy ddaeth ond y gaffer
A'i fola mawr fel boiler,
A gweiddi fel tarw ar dop 'i lais
"*Stop lamp to Twm Joe.*
Home you go!"
Ar ôl rhyteg trw'r fro
Rhown i'n wallgo.
Nid dyn ôdd hwn ond blydi Sais,
A fe wetes i miwn *no uncertain manner*:
"*Look here, you manager,*
Put your lamp in your pen-ôl."
A off â fi 'nôl.
Wedi cyrradd y tŷ,
Neb yn hawddgar i fi yno ond y ci.
Nawr Martha yn gw'iddi
Bloeddian a rheci:
"Meddwl am wythnos nesa—
Dim arian i siopa,
Dim bwyd i f'yta,
A'r t'ulu drws nesa
Wrth 'u bodd yn gwledda
A ninne ar gaws a bara.
Dwyt ti ddim yn trwplu, sbo,
Twm Joe,
Y pwdryn mwya'r fro."
Rwy'n rhybuddio pob gŵr
Os am arbed stŵr—
Wel, cofiwch am y ffŷs! ffŷs! ffŷs!
Fydd beunydd ar eich clustie
os collwch y bŷs!

Pan ddaeth rhai o wragedd y pentre i wybod am
yr helynt, aethant ati i ysgrifennu molawd i Martha
am iddi fod yn ddigon hy i geryddu ei gŵr yn arw
am ei esgeulusdod yn cysgu yn hwyr a cholli
shifft:

Moliant i Martha am geryddu'i gŵr—
Nid hi fydd yr olaf i 'neud hynny, rwy'n siŵr.
Mae'n bryd bod y gwragedd o bob pentre a thre
Yn casglu at 'i gilydd i ddoti'r dynon yn 'u lle.
Gw'iddi, a bloeddian, a 'neud pob short o ffŷs
Os byddant mor ddioglyd â cholli y bŷs.

Diolch i Martha am ennill y dydd—
Bydd gwracedd y pentre yn t'imlo'n fwy rhydd.
Bydd atgofion cynnes i Martha trw'r cwm
Am ddoti y dynon miwn tipyn o glwm,
A'u doti nhw i gofio bydd cythrel o ffỳs
Os byddant mor ddioglyd â cholli y bỳs.

IFAN PANT-GWYN

Prin gof sy gen i am Ifan a Jên Pant-gwyn—neu yn fwy adnabyddus, efallai, Ianto a Jên y Pant. Tyddyn bychan, unig oedd Pant-gwyn, ar lethrau agored y Mynydd Du. Bu'r ddau wrthi'n ddiwyd yn crafu tipyn o gynhaliaeth o'r gweundir llwm, ond ers blynyddoedd lawer mae Ifan a Jên yn huno yn dawel ym mhridd-dir oer y llan yn yr Ystrad.

Mae'r cartre y clywais fy rhieni yn sôn cymaint amdano fel aelwyd groesawgar yn garnedd, a phrin fod yno olion i'w canfod heddiw. Dyw'r caeau bychan dan y tŷ y bu Ifan mor ofalus ohonynt yn ddim ond brwyn ac ysgall. Mae'r cyfan nawr yn un â'r mynydd.

Clywais ddweud fod Ifan yn dipyn o gymeriad yn ei ddydd, a hawdd canfod hynny. Nid yn amal iawn y byddai Ifan yn ymweld â'r pentre os nad oedd ar fusnes arbennig, ond pan ddeuai, yn sicr byddai Ifan y noson honno yn dychwelyd i'w ddyddyn unig dipyn yn drwm *under the influence* ar ôl diota yn Nhafarn y Bont. Ond un noson roedd Ifan wedi gorlwytho a bu'n rhaid troi ar y ffordd i ysgafnhau ei hun o'i faich meddwol—gweithred hollol naturiol, a dynol hefyd, ond nid ar ymyl y ffordd fawr, yn ôl y Rhingyll Jarrett. Fe'i cosbwyd a bu'n rhaid iddo dalu chweugain am y drosedd. Chwerwodd Ifan, oherwydd roedd chweugain yn y cyfnod hwnnw yn dâl am bron wythnos o waith.

Fel llawer o'i gydoeswyr roedd Ifan yn rhigymwr

rhwydd, a thrwy y gelf hon medrent gael hwyl fawr ar dynnu coes ei gilydd. Erbyn heddiw mae'r arferiad wedi marw yn llwyr.

Cyfansoddodd Ifan ddychangerdd yn gwawdio'r tri ynad a oedd ar y fainc y diwrnod hwnnw, a'u cyffelybu i'r bobol mwyaf anllythrennog y gwyddai amdanynt yn yr ardal. Byddai yn ei chanu yn amal ar y dôn 'Mae Robin yn Swil':

Chwerthingar i Awen yw gweld erbyn hyn
Fod meinciau ynadon cyn llawned o chwyn.
Os byddwch yn botsiar, neu glapgi o fri,
Bydd hynny yn ddigon i'ch gwneud yn J.P.

Pa angen dysgeidiaeth ar feinciau ein gwlad
Os bydd gennych geffyl a swydd dda yn rhad,
Neu bwtyn o fugail heb dalent na bri—
Bydd hynny yn ddigon i'ch gwneud yn J.P.

Wil Guto sy'n lwcus nad yw heddiw'n fyw
Neu byddai yn ynad urddasol ei liw.
Roedd Wil yn ei gaban, a'i fferet, a'i gi
Yn addas, serch hynny, i'w wneud yn J.P.

Dan Beni sy'n huno ym mynwent y Llan.
Ni fu ond 'chydig o synnwyr ym mhen Dan.
Os byddwch yn debyg i Dan, ddywedaf i,
Bydd hynny yn ddigon i'ch gwneud yn J.P.

Mae Twm Damo-Damo yn isel ei ben,
Ni allai ddarllen gair o iaith Gwalia Wen.
Os Twm Damo-Damo eich dydd fyddwch chi,
Bydd hynny yn ddigon i'ch gwneud yn J.P.

Aeth Shoni Drws Nesa yn fud yn ei arch,
I'r fynwent i gysgu heb dalent na pharch.
Os byddwch yn Shoni Drws Nesa'n hoes ni,
Bydd hynny yn ddigon i'ch gwneud yn J.P.

Pa angen am dalent i fynd ar y fainc
Na chwaith 'run gwahaniaeth os llwyd fydd eich cainc.
Os medrwch chi hela, fe ddringwch chi fry—
Bydd hynny yn ddigon i'ch gwneud yn J.P.

TWM SHALLOTS

Enw bedydd Twm oedd Tomos Henry Dafis, ond
oherwydd iddo gael ei weld yn dwyn shallots o ardd
yr offeiriad, byth wedi hynny doedd neb yn ei
adnabod trwy'r ardal ond fel Twm Shallots . . .
Shallotiaid yw ei ddisgynyddion hyd heddiw!

Beth bynnag am hynny, roedd Twm yn golier da,
yn grefftwr wrth ei waith. Ni fedrai ddioddef dim
annibendod.

Ond ei wendid oedd ei fod yn dueddol o gwyno ar
y mwyaf am y crots y byddai'r gaffer yn eu danfon
ato i weithio . . . nes o'r diwedd fe wrthododd pawb
gydweithio ag e.

Un bore pan ddaeth Twm i'r man lle'r oedd yn
gweithio, gwelodd ar ochr y dram wedi ei ysgrifennu
mewn sialc:

Hen fabi mawr yw Twm Shallots
Yng nghwmni dyn neu blisman,
Ond pan yn gaffer ar y crots
Efe yw'r diawl ei hunan.

Manion

MANION

Roedd Jac, mab Bili Tŷ-llwyd, wedi cael damwain go arw yng nglofa Scedwyn, a bu'n rhaid i'r meddyg lleol ei ddanfon ar unwaith i ysbyty Treforys am lawdriniaeth. Wedi i Jac ddod allan o'r anaesthetig a dod ato'i hun yn weddol, sylwodd fod holl lenni'r ffenestri o'i amgylch wedi eu tynnu ynghyd, a hithau ond canol dydd. Yn digwydd bod gerllaw ei wely ar y pryd roedd y meddyg roddodd y llawdriniaeth iddo.

"Pam yn enw'r mawredd ma'r holl lenni 'ma wedi'u tynnu at 'i gilydd?" gofynnodd Jac i'r meddyg.

"Wel!" atebodd hwnnw, "Mae fel hyn—fel mae'n dicwdd bod ar hyn o bryd, ma' tân wedi cymryd lle mewn tŷ draw tros yr hewl. Rown i braidd yn ofnus y byddech chi'n meddwl, wrth weld y tân 'ma, i'r *operation* arnoch chi fod yn fethiant, ac 'ych bod chi wedi cyrraedd yr ochor draw yn gynt na phryd."

* * * * *

Cofiaf yn dda i rai o'm tylwyth o'r Unol Daleithiau dalu ymweliad â ni am y tro cyntaf. Doedd yr un ohonynt erioed wedi bod yng Nghymru cyn hynny. Yn naturiol, roedd yn rhaid paratoi croeso arbennig ar eu cyfer. Roeddem i gyd wrth y ford yn mwynhau ac yn sgwrsio pan ofynnodd 'Nhad iddynt beth oedd wedi tynnu eu sylw fwyaf ers ymweld â Chymru.

"O!" atebodd un ohonynt, "Heblaw fod Cymru yn gyforiog o olygfeydd hyfryd, ma'r aer yma mor iachus a rhyfeddol o ysgafn!"

"Er mwyn y mawredd," atebodd 'Nhad, "peidiwch gweud hynna pan ewch chi ar daith i Loeger, ne' fydd y Llywodraeth yno yn siŵr o gwnnu trethi ecstra arnon ni. Mae e ddicon uchel 'ishws."

* * * * *

Roedd tipyn o fân-gecru wedi bod rhwng Gwen a Twm Tŷ-top ers peth amser, ac meddai Gwen wrtho:

"Pwy hawl sy' gyta ti i achwyn? Yn ôl cyfraith gwlad, fe briotest ti fi er gwell ne' er gwa'th.

"Wel do, ma' hynny'n 'itha gwir, ond cred ti fi, Gwen, ma'r gwa'th yn llawer gwa'th nag rown i eriôd wedi tybied byse fe."

* * * * *

Roedd glofa Cwm Bargod wedi cau, a dôdd gan Bob Jôs ddim dewis ond ymgymryd â job *part-time* fel torrwr beddau. Un diwrnod, mewn cynhebrwng ym mynwent y plwyf, synnwyd Bob pan sylwodd pwy oedd y wraig oedd yn sefyll ar lan bedd yr ymadawedig. Roedd heb ei gweld ers blynyddoedd. Wedi'r gwasanaeth, a phawb yn troi am adre, aeth Bob ymlaen i gydymdeimlo â hi, ac meddai gan ysgwyd llaw:

"Wel, Marged! Ma'n flin 'da fi am hyn. Derbyn 'yn gydymdeimlad llwyra i. *Dear me*, ma' blynydde mawr er pan weles i di ddwetha. Nawr, paid â blino dim am y bedd yma. Fe ofala i bod e'n ca'l 'i gatw'n daclus—y tywarch yn deidi, a'r garreg fedd 'nôl yn 'i lle iawn. Paid â becso dim—bydd popeth yn iawn."

"Diolch yn fawr, Bob. Rwyt ti'n hynod garedig."

"Twt! Twt. Dyna'r peth lleia alla i 'neud, a nin-ne'n dou yn hen ffrindie ysgol. Gwêd wrtho' i, sawl gŵr wyt ti wedi'u claddu yn y bedd yma?"

"Hwn yw y pedwerydd heddi, a 'se tipyn o fynd a rhywfaint o gic ynddot ti pan yn fachan ifanc, allet ti fod yn gorwedd yma yn 'u plith nhw."

* * * * *

Ar y sedd gerllaw'r Neuadd Les roedd tri phen-siynwr yn mwynhau'r heulwen hafaidd. Roedd un ohonynt yn saith-deg oed, y llall yn wyth-deg, a'r trydydd yn ymyl naw-deg. Ran fynycha, byddai'r sgwrsio am bethau yn gyffredinol, gan geisio rhoi'r byd yn ei le yn awr ac yn y man, ond y cwestiwn arbennig dan sylw un diwrnod oedd sut y carent ymadael â'r fuchedd hon.

"Wel," meddai'r pensiynwr oedd yn saith-deg, "Fydde'n llawer gwell gen i farw yn ddisymwth mewn damwain car."

"Bydde'n well gen i farw yn sytyn mewn crash awyren."

"Wel! Wel!" meddai'r gŵr naw-deg, "Dôs gyta chi'ch dou ddim unrhyw fath o uchelgais o gwbwl. Bois bach! Fydde'n llawer gwell 'da fi gâl 'yn saethu gan ŵr rhyw fenyw oherwydd 'i fod e'n *jealous* ohono' i."

* * * * *

Roedd parti o Saeson ychydig amser yn ôl ar daith trwy Gymru. Er mwyn hwyluso'r daith dyma nhw'n llogi bws, ynghyd â thywysydd arbennig i'w cyfarwyddo â hanes a daearyddiaeth y gwahanol ardaloedd.

Soniodd y tywysydd wrthynt am Bontarfynach (Devil's Bridge), am Bwlpud y Diafol (Devil's Pulpit) ac am Bwll y Diafol (Devil's Pit), ac meddai rhyw Sais bach oedd am geisio bod yn smartach na'r lleill:

"Rhaid bod y diafol yn berson reit bwysig yng Nghymru. Mae ganddo dipyn o diriogaeth yma."

"Eitha gwir," oedd atebiad y tywysydd. "Ond cofiwch, fel pob *landlord* arall, mae 'i gartre yn Lloegr."

* * * * *

Roedd Besi Drws Nesa yn sâl iawn ers dyddie a bu'n rhaid i Guto alw'r meddyg i mewn i'w gweld. Wedi i hwnnw wneud ei archwiliad manwl arni gofynnodd i Guto:

"Pan fyddwch chi'ch dou yn câl tipyn o eirie croes ambell waith, otych chi'n sylwi fod y wraig yn tueddu i fynd yn hysterical?"

" 'Hysterical' wetsoch chi! Ie, hysterical, myn diain i! Llawer gwa'th na hynny, doctor. Mae'n mynd yn *historical*, gwaetha'r modd!"

* * * * *

Rhaid gweud fod Ned Rhys bob amser yn *true to nature*, ac yr oedd cynhebrwng Bili Bach, ei hoff gyfaill, yng ngofal y Parchedig John Gwilym, BA, BD. Roedd sôn am Mr Gwilym ymhlith *top rank* yr enwad fel pregethwr dawnus. Wedi'r gwasanaeth ar lan y bedd fe aeth Ned ymlaen at y gweinidog gan ysgwyd llaw, er na siaradodd e air â Mr Gwilym o'r blaen, ac meddai:

"Wel, Mr Gwilym, ma'n rhaid i fi'ch llongyfarch yn fawr heddi wrth gladdu Bili Bach. Fe glywes 'ych bod chi'n bregethwr da yn y pwlpud o'r blân, ond yn 'yn wir, roeddech yn ddiawletig o dda heddi. Ma'n wir na ddotsoch chi Bili Bach yn y nefoedd, nac yn uffern chwaith. Dyna beth rown i'n lico amdanoch chi heddi, Mr Gwilym—y *go-between* 'na, y *go-between*, Mr Gwilym."

* * * * *

Yn Nhafarn y Bont un nos Sadwrn roedd y cwmni arferol wedi dod at ei gilydd. Y sgwrs dan sylw y noson honno oedd 'Y Rhyfel Byd Cyntaf', ac yn arbennig brwydr fawr Mamety Wood. Ymffrostiai Ned Rhys yn newrder ei fab a fu yn y frwydr honno, ac meddai un o'r cwmni na fu erioed allan o Gymru:

"Mamety Wood, yn wir! Doedd dim byd yn Mamety Wood, bachan."

"Beth rwyt ti'n baldorddi," atebodd Ned. "Fydde dim dicon o *guts* ynddot ti i fynd i Mamety Wood i hel cnau yn yr haf."

* * * * *

Roedd ar Moc, mab Jonah, ddyledion i Jones y Groser am nwyddau. Er i Jones fod yn rhyfeddol o amyneddgar, gan geisio droeon gael Moc i dalu ei ddyled, gwrthod roedd Moc o hyd, nes o'r diwedd bu'n rhaid iddo ymddangos yn y llys. Gofynnodd y cyfreithiwr i'w gwsmer:

"Roisoch chi y bil i'r dyledwr?"

"Do, Syr."

"Beth ddywedodd e wrthoch chi?"

"Dywedodd wrtho' i i fynd i ddiawl."

"Beth wnaethoch chi wedi hynny?"

"Dyna pryd ddês i atoch chi, Syr."

* * * * *

Un o ddymuniadau olaf Jones y Groser:

"Pan fyddaf farw, Kitty, rhaid i ti briodi'r llanc sydd yn y siop. Mae e'n fachgen da."

"Rwy eishws wedi meddwl am hynny," oedd atebiad y wraig.

* * * * *

Yma gorwedd Betsi hagar,
Lawr yn isel yn y ddaear.

Os hoffa'r bedd fel gwnaeth y gwely
Hi fydd yr ola'n atgyfodi.

* * * * *

Dai yn brolio: "Ma'r wraig 'co sy gen i yn angyles."

Twm yn ateb: "Rwyt ti'n lwcus iawn. Ma'r diawl 'co sy gen i yn fyw o hyd."

* * * * *

Roedd dau aelod o wahanol enwad wedi digwydd cwrdd un noson yn Nhafarn y Scêd, a thra oedden nhw yn mwynhau eu peint, dyma'r sgwrs yn troi at rinweddau a mawredd eu gweinidogion arbennig hwy eu hunain. Meddai un ohonynt:

"Fe all ein gweinidog ni brigethu hanner dwsin o brigethe ar yr un testun."

Meddai'r llall:

"Fe all 'yn prigethwr ni brigethu dwsin o brigethe mewn cynifer o wythnose ar y testun byrra sy yn y Beibl."

Yn eistedd yn ei gornel arferol yn clustfeinio ar y brolio mawr yma roedd Wat Llwyn-teg. "Bois bach," meddai gan dynnu ei getyn o'i boced, "beth ŷch chi'n glebran am 'ych gwinidocion. Ma' 'da fi wraig sy wedi prigethu am hanner can mlynedd heb destun o gwbwl."

* * * * *

"Faint mae'n mynd i gosti i wella 'Mam-yng-nghyfraith?" gofynnodd Jos Trawscoed i'r meddyg.

"O leia dou cant o bunnoedd."

"Anghofiwch y peth," atebodd Jos. "Fe ga' i lawer rhatach prish gan yr *undertaker*."

* * * * *

Roedd Maggie'r Llanarth yn cyflym ddirwyn i

ben. Roedd y teulu i gyd eisoes o gylch gwely'r claf. Dyma 'i'n rhoi arwydd bach y carai gael gair ag Elias, ei gŵr. Oherwydd ei gwaeledd, gwasgodd hwnnw yn glòs ati, ac meddai mewn llais isel:

"Rwy'n gwpod nag wyt ti a Janet 'yn whâr yn rhy hoff o'ch gilydd, ond rwy i am iti addo nawr y bydd hi gyta ti yng nghar cynta'r *mourners* yn yr angladd."

Roedd Elias mewn tipyn o benbleth, ac o'r diwedd, wedi tipyn o betruso, meddai:

"O'r gore, Maggie. Gwnaf er dy fwyn di; ond cofia, bydd gweld Janet yn yr un car â fi yn siŵr o spwylo'r angladd i fi."

* * * * *

Un o'r ychydig a achubwyd o'r danchwa ofnadwy yng nglofa Pant-mawr oedd Guto Pumsaint. Roedd yntau wedi llosgi cymaint nes 'i fod e'n hollol an-ymwybodol, a bu'n rhaid ei ddanfon ar unwaith i Ysbyty Llosgiadau St Lawrence. Ymhen diwrnod neu ddau daeth ato'i hun. Gofynnodd i'r nyrs:

"Wel? Beth sy wedi dicwdd 'te?"

"Tanchwa drist ofnadw, ac rŷch chi yn un o'r 'chydig sy'n dal yn fyw. Ma' wyth-deg o Saeson wedi mynd."

"O!" atebodd Guto, braidd yn glaear.

"A ma'ch ffrind chi, Moss Bach, wedi mynd hefyd."

"O damo! Piti! Piti. Mae'n flin 'da fi glywed am Moss."

* * * * *

Pâr ifanc heb fod yn briod yn hir iawn. Gan deimlo'n siŵr ei bod hi'n feichiog, meddai'r wraig wrth ei gŵr:

"Wil!"

"Ie, Catrin."

"Rwy'n credu na fyddwn ni ddim yn hir iawn cyn 'yn bod ni'n dri 'ma."

"O'r nefoedd! Paid â gweud wrtho' i dy fod ti'n meddwl am ddod â dy fam yma, 'os posib! Fe spoeliff bopeth."

* * * * *

Roedd Lisa Ann ar ei ffordd i Gaerdydd gyda'r trên a, heblaw y babi oedd ganddi yn ei chôl, roedd yn digwydd bod wrth ei hun yn y *carriage*. Ond pan oedd y trên ar gychwyn, dyma Tomos Wil Sam yn rhuthro i mewn. Wedi sbel go hir o ddistawrwydd, meddai Tomos er mwyn ceisio bod yn gymdeithasol:

"*Dear me*, ma' gyta chi fabi sy'n hynod o bert."

"Diolch i chi am sylwi. Oti, mae e'n un annwl," atebodd Lisa Ann gyda gwên oedd yn dangos y balchder oedd yn ei chalon, ac meddai ymhellach, "Wyddoch, wedi wyth mlynedd o fywyd priodasol rôn i wedi rhoi lan pob gopeth am ga'l babi."

"Da iawn," atebodd Tomos. "Ma' 'na ryw fendith yn dod wrth ddyfalbarhad. Cymerwch 'yn achos i. Ma' diléit mawr 'da fi mewn catw clomennod ers blynydde, ond byth yn ennill yr un rhas hyd y flwyddyn 'ma. Nawr rwy'n ennill bron pob rhas."

"A beth sy i gyfri am hynny?" gofynnodd Lisa Ann.

"O! Fe newidies y ceilog."

"Wel! Wel! —yn gyfrinachol fach, dyna beth wnes inne hefyd, a dyma'r resylt," atebodd Lisa Ann gan ddangos y babi i Tomos.

* * * * *

Lottie Siop Fach yn darllen rhestr y marwol-
aethau yn y *Western Mail*:

"Wel! Wel! On'd yw hi'n od fel ma' pobol yn
marw bob dydd yn ôl trefn yr wyddor!"

* * * * *

Meddai un o weision y parc wrth bâr go ifanc
oedd yn caru ar un o'r seddau hir:

"Nawr, ma' 'i'n bryd i chi'ch dou fod yn y
gwely."

* * * * *

Diléit anarferol y gweinidog oedd saethu. Yn wir,
cymerodd ofal capel ym mherfedd y wlad fel bod
pob math o helwriaeth bob amser wrth law. Doedd
e fawr o fugail, ac meddai gwraig oedd yn aelod
ffyddlon yn ei gapel wrtho un diwrnod:

"Mr Jones!"

"Ie, Mrs Ifans."

" 'Sen i'n weningen, bysech chi wedi bod 'co
lawer gwaith yn 'yn weld i."

"Dim o gwbwl," atebodd y gweinidog. "Dyna chi
un o'ch camsyniade mawr chi, Mrs Ifans. 'Sech
chi'n weningen, dim ond unwaith fase ishe i fi ddod
i'ch gweld. Byse dim ishe i fi ddod yr ail waith."

* * * * *

"Shwd ma'r gweinidog newydd yn setlo miwn
gyta chi lan ym Mhisgah 'na?" gofynnodd un o'r
pentrefwyr.

"O! ardderchog, hyd y gwn i," atebodd yr aelod.
"Mae'n gynnar iddo fe ddechre achwyn·'to."

"Ma'n nhw'n gweud wrtho' i fod e'n un o'r rheiny
sy ddim yn cretu yn uffern."

"O! popeth yn iawn," atebodd yr aelod. "Fydd e
ddim yn hir cyn newid 'i syniade!"

* * * * *

Ar glywed cnoc ar y drws ffrynt aeth Joni bach ar unwaith i weld pwy oedd yno:

"Pwy sy 'na, Joni?" gofynnodd ei fam o'r gegin bac.

"Y pacman, Mam. O's gyta chi arian idd'i dalu e heddi, ne' o's rhaid i fi fynd mâs i whare fel arfer?"

* * * * *

Fe aeth Defi John at y cyfreithiwr er mwyn trafod y fusnes o gael ysgariad oddi wrth ei wraig, Marged Jên. Y cwestiwn ofynnodd hwnnw iddo oedd:

"Beth achosodd i chi yn y lle cynta amau ffyddlondeb eich gwraig?"

"Wel! Pan symudon ni o dop y Cwm lawr yma i 'Bertawe i fyw, sylwes i taw'r un dyn llaeth sy'n galw gyta ni yma ag ôdd yn dosbarthu llaeth lle rown ni'n byw o'r blân."

"*Suspicious* iawn, wir. Ewch ymlân â'ch stori."

"Ddangosais i ddim, ond catw 'mlân fel arfer yn hollol naturiol. Ond un bore, ar 'yn ffordd i'r gwaith, sylwes 'mod i wedi anghofio'r bib a'r baco. Trois 'nôl ac, wedi dod o hyd iddyn nhw, es i weld shwd rôdd Marged Jên. Yn wir, rôdd hi'n cysgu'n esmwth. Rhoddes gusan bach ysgafn ar ei gwegil, ac meddai, yn hanner-cysglyd, 'Dim ond peint heddi, Dic. Rwy wedi câl annwd ofnadw. Galw 'fory.' "

* * * * *

Ffermwr hen ffasiwn fu Morgan Ifans eriôd. Bodloni ar gario 'mlân yn union fel roedd ei dad, a'i hendaid o'i flaen. Doedd dim iws newid dim. Pan ddaeth yn amser iddo riteiro, fe drosglwyddodd ofal y fferm i'w fab. Roedd hwnnw yn hollol i'r gwrthwyneb i'w dad—roedd yn *ultra modern* ym

mhopeth. Cododd le mwy *up-to-date* ar gyfer god-
ro'r fuches, ac yn wir, fe gynyddodd cynnyrch y
llaeth. Wedyn rhoddodd radio i mewn yn y beudy,
ac ar glywed y miwsig cynyddodd y llaeth eto. Er
cael tipyn o'i wawdio gan y teulu, fe osododd
deledu i mewn yn yr adeilad. Eto cynyddodd y cyn-
nyrch. Er mwyn porthi ei uchelgais i foderneiddio,
gwerthodd y tarw, gan gychwyn y system o 'Darw
Potel' neu, yn Saesneg, A.I. Er mawr syndod, roedd
y cynnyrch llaeth yn is nag erioed. Ond un bore fe
ruthrodd y gwas i'r tŷ gan weiddi:

"Mishtir!"

"Ie, beth sy'n bod?"

"Ma'r gwartheg heddi wedi rhoi bron dwbwl y
llaeth arferol."

"Beth sy wedi dicwdd, bachan?"

Pan aeth y mab *ultra modern* ei syniadau i'r
llaethdy, gwelodd y geiriau ar sgrîn y teledu—
Normal service will be resumed tomorrow.

* * * * *

Os digwydd i ti, ddarllenydd, rywdro gredu dy
fod yn berson uwchlaw'r cyffredin ac yn anhepgorol
yn y byd hwn, cer am dro rownd y fynwent.

* * * * *

DAETH YR EOS I GWMGÏEDD

Rwy'n meddwl mai teg fyddai dweud taw ond ychydig hyd yn oed o Gymry Cymraeg a wyddai nemawr ddim am bentref bychan, hyfryd Cwmgïedd ym mhen uchaf Cwm Tawe hyd nes i'r diweddar Dr Dan Protheroe, a oedd â chysylltiadau agos â'r lle, roi amlygrwydd iddo trwy alw un o'i donau mwyaf poblogaidd yn 'Cwmgïedd'—tôn sydd yn hen gyfar-wydd erbyn hyn i gynulleidfaoedd caniadaeth y cysegr ledled Cymru oherwydd priodas hyfryd y dôn a geiriau pwrpasol emyn mawr Dafydd Williams:

O! Arglwydd, dyro awel,
A honno'n awel gref . . .

Wedyn rhoddodd y diweddar J.T. Rees amlyg-rwydd i'r pentref. Yn frodor o'r ardal, ac yn fab i löwr, bu yntau yn gweithio yn y lofa yn grwt hyd nes iddo gael damwain. Datblygodd yn gerddor gwych, yn arweinydd cymanfaoedd amlwg, ac yn gyfan-soddwr cymeradwy. Yr enwocaf o'i emyn-donau yw 'Llwyn-bedw' a 'Phenparc'.

Ond nid yn unig drwy swyn cerddi a chân ei cherddorion y daeth y fro fechan hon i amlygrwydd, ond yn rhyfedd iawn trwy gyfrwng swynion nodau cerdd hollol wahanol.

Yn hirddydd haf tesog 1927, ymwelodd *prima donna*'r goedwig â'r pentre, a Mecca'r tyrfaoedd o Deifi yr haf hwnnw oedd Cwmgïedd; daethent i wrando ar brif soprano côr y wîg yn llonni'r ymwelwyr gyda'i nodau clir a phersain. Rhyfedd fod peth mor fychan yn medru bywiogi cynulleidfa luosog. Dyma gerdd gan fardd lleol i ymweliad yr Eos â Chwmgïedd:

Daeth yr Eos i Gwmgïedd
  Ar hyd y nos.
Do—bu'r ardal mewn anrhydedd
  Ar hyd y nos.
Daeth yr adar yno'n gawod
I'w chroesawu, a'i cyfarfod.
Yna canodd pawb mewn syndod
  Ar hyd y nos.

Mae ei chân yn ein denu
  Ar hyd y nos,
Fel gwnaeth canu Madam Patti
  Ar hyd y nos.
Yr oedd Eos fach Cwmgïedd
Drwy y nos yn cynnal cyngerdd;
O! mae'n swyno pawb yn rhyfedd
  Ar hyd y nos.

Daeth i'w gwrando y bioden
  Ar hyd y nos,
Adar penaur a'r fwyalchen
  Ar hyd y nos.
Meddwl roeddent gael eisteddfod.
Yn y goedwig i'w chyfarfod
Cafwyd cynulliadau hynod
  Ar hyd y nos.

Daeth ynghyd y prif geiliogod
  Ar hyd y nos,
Lle'r oedd gieir a cholomennod
  Ar hyd y nos.
Cafwyd nythu yn y llwyni,
Rhai o'r gieir oedd wedi dodwy.
Adar bach oedd nawr yn canu
  Ar hyd y nos.

Newydd aeth o Dâf i Deifi
    Ar hyd y nos,
Am yr eos yn telori
    Ar hyd y nos.
Cyrchai'r bobol mewn moduron—
Hen ac ifanc a chariadon—
Nes cythryblu'r eos fwynlon
    Ar hyd y nos.

Hen dylluan ddaeth i grio
    Ar hyd y nos,
Nes i'r Eos swynlon ddigio
    Ar hyd y nos.
Y gantores drodd mewn dirmyg,
Digio wnaeth, a theimlo'n sarrug
Ar y sŵn oedd mor gythreulig
    Ar hyd y nos.

Gadael wnaeth hen fro y Gïedd,
    Ar hyd y nos,
Wedi gweled pethau rhyfedd
    Ar hyd y nos.
Ffarwél bellach am y tymor,
Nid wy'n meddwl canaf rhagor.
'Na ddigia, Eos' yw fy nghyngor
    Ar hyd y nos.

CYNGOR GLÖWR I'W FAB

Yn y cyfnod gormesol a didostur cyn y Rhyfel Byd
Cyntaf, ychydig oedd y cyfleusterau i grots ar adael
yr ysgol heblaw mynd i'r glofeydd neu fynd yn weis-
ion ffermydd.

Teg fyddai dweud nad oes gan yr oes heddiw y
mymryn lleiaf o syniad pa mor annymunol oedd
amgylchiadau byw yn y cyfnod hwnnw. Crots bach
un ar ddeg oed, am ychydig geiniogau y dydd, yn
gorfod mynd tan ddaear i weithio yn y diwydiant
mwyaf niweidiol i gorff ac enaid. Ym misoedd y
gaeaf ni welent olau dydd o fore Llun tan brynhawn
Sadwrn.

Felly, pwy allai feio neb am geisio ffordd
ymwared allan o'r fath awyrgylch annynol? Roedd
y weinidogaeth yn ddrws agored i liaws, a cheisio
am swydd *pupil teacher* cyn hawsed â dim. Tyfodd
amryw i sylw cenedlaethol o amgylchiadau digon
difaol, gan adael ar eu hôl barchus goffadwriaeth
mewn llên a barddas, cerdd a phregeth. Ychydig
oedd y rhai hyn, wrth gwrs, a thybed na ellir rhoi
gofynnod y tu ôl i enwau lliaws a aeth i'r weinidog-
aeth dan gysgod y gair 'galwad'.

Beth bynnag am hynny, diolch am eu cyfraniad i
fyd ac eglwys, i gymdeithas a chenedl.

Yn naturiol, pryderai rhieni lawer am ddyfodol
eu plant. Pwy allai beidio gan mor gyfyng oedd y
cyfleusterau?

Un o'r rhai hynny oedd Bili Maes-yr-afon. Glöwr

wedi gorfod rhoi'r ffidil yn y to oherwydd afiechyd dwst y glo, *'colliers' asthma'* medden nhw yr adeg hynny, ond gwyddom yn ots erbyn heddiw. Roedd John, ei fab, ar adael yr ysgol, ac yn barod i chwilio am waith, ac meddai ei dad wrtho:

John, fy machgen, tyred, gwrando
Am funudyn ar dy dad.
Gan mai gwaith rwyt nawr am geisio,
Rhoddaf gyngor it, fy mab—
Os wyt am gael cwmni hawddfyd
A chael treulio oes yn llon,
O! gofala ar dy fywyd,
Paid â mynd i'r lofa, John.

Gweithio caled, diwyd, prysur,
Heb ei debyg dan y ne.
Nid yw teg frenhines cysur
Byth yn mynd am dro trwy'r lle.
Gwêl y llwch yn araf ddisgyn,
Methu cael anadliad bron;
Clyw y dafnau chwys yn disgyn—
Paid â mynd i'r lofa, John.

John, fy machgen, gwêl hen löwr
Pan yn llusgo tua thre—
Mor druenus yw ei gyflwr,
Ail i gaethwas, onid e?
Cyn i henaint ddal y truan
Ciliodd nwyf ieuenctid llon.
O, da ti, er mwyn dy hunan,
Paid â mynd i'r lofa, John.

Os mai gyda diystyrwch,
Y derbynni'r geiriau hyn,
Chwerw, chwerw edifeirwch
Ddaw i'th ran yng nglofa'r Bryn.
Wedi'm rhoi yn llaw marwolaeth
A ffarwelio â'r ddaear hon,
Yn dy ddilyn fel drychiolaeth
Bydd—'Paid â mynd i'r lofa, John.'

Yng nglofa'r Bryn roedd Bili Maes-yr-afon yn gweithio cyn iddo golli ei iechyd oherwydd dwst y glo.

HWTER ABER-CRAF

Yn ystod chwarter cyntaf y ganrif hon roedd seiliau byd y gân wedi eu gosod yn gadarn ym mywyd brodorol Cwm Tawe. Dyma gyfnod euraid y gymanfa ganu, a bri arbennig ar yr eisteddfodau lleol, mawr a bach. Roedd y fro wedi magu traddodiad gwir gerddorol, gan gynhyrchu cerddorion amlwg— rhai o fri cenedlaethol. Prin fod yma bentre ar ddechrau'r ganrif hon heb ei gôr, a brwd oedd y gefnogaeth iddo gan yr ardalwyr. Yn amal byddent mor bleidiol fel pe digwyddai i'w côr golli, yna, yn bendant, byddent wedi dioddef pob math o gam, yn arbennig trwy law'r beirniad! —rhyw hen ffwlbryn bach dibrofiad na wyddai y gwahaniaeth rhwng clochdar gieir a swyn caniadaeth eu côr! Mawr fyddai'r dadlau a'r sgyrnygu o dro i dro, ac ambell un yn fwy pigog na'r lleill yn mynd adre â llygad lliwgar, piws fel arwydd o'i deyrngarwch i'w gôr.

Un o'r pentrefi mwyaf teyrngar a phleidiol i'w côr oedd Aber-craf ym mhen uchaf Cwm Tawe. Pentre glofaol gyda'i ddiwylliant gwir Gymreig ac, wrth gwrs, ei gôr clodwiw a llwyddiannus ar lwyfannau eisteddfodol. Pan enillai'r côr, wedyn byddai hwter glofa Aber-craf yn cael ei chwythu, fel arwydd i'r plwyfolion lawenhau yn ei fuddugoliaeth.

Ond mae yna hanes digon digri am hwter Aber-craf hefyd. Un tro mewn eisteddfod leol roedd y côr wedi canu mor fendigedig o dda fel y tybiodd pawb nad oedd gan yr un o'r corau eraill oedd yn cystadlu unrhyw obaith i ennill y noson honno, a chyn i'r beirniaid gloriannu eu beirniadaeth yn iawn clywyd yr hwter yn seinio buddugoliaeth y côr. Ond, er mawr siom ac, yn wir, sioc i'r holl ardal, ail orau oedd y côr y prynhawn hwnnw. Tybed pwy fu'n gyfrifol am y fath ffwlbri o chwythu'r hwter cyn pryd? Cynhaliwyd cwest ar y digwyddiad ar unwaith oherwydd, i gefnogwyr mor selog â phobol Aber-craf, roedd y peth yn sarhad ar yr ardal.

Maes o law daeth dirwasgiad mawr ym marchnad y glo carreg. Bu'n rhaid i lawer iawn o deuluoedd adael yr ardal a symud i'r Rhondda oherwydd roedd galw ar y pryd am lô stêm. Yn naturiol, felly, fe ddaeth y côr i ben a daeth diwedd hefyd ar hanes hwter Aber-craf. Dyma fel y canodd un hen löwr lleol i'w hwter pan fu'r côr yn cystadlu'n llwyddiannus mewn eisteddfod leol:

Mae llawer iawn o bethau
   Diddorol yn y byd,
A'r siriol, mwyn drysorau
   O'r bron sy'n dwyn ein byd.
Ymhlith y tryblith hynaws
   Amrywiol yma gaf
Nid oes 'run sy'n swyno dyn
   Fel hwter Aber-craf.

Mae rhyw gyfaredd nefol
   Yn dod o'r hwter hon.
Rhyw fawredd ymarferol
   A'r sain yn llanw'm bron.
Mi suddaf i berlewyg,
   I fynwes hun yr af
Pan ar fy nghlust y tery ust
   Mwyn hwter Aber-craf.

Ar ôl i'r corau ganu
  Yn yr eisteddfod fawr,
A'r barnwyr nerthol wrthi
  Yn nerfs i gyd yn awr,
Pwy ydyw y côr gorau?
  Dywedwch w—neu mi af
I hela chwain—pan dorrodd sain
  Mwyn hwter Aber-craf.

Mae mil o leisiau dilys
  Ar hyd y cread crwn—
Synhwyrol a soniarus,
  Rhai sâl eu sain, mi wn.
Ymdroai hedd amdanom
  Fel heddwch hwyrddydd haf,
Llonyddai'r brain pan glywid sain
  Mwyn hwter Aber-craf.

A chwi, bwyllgorau Cymru,
  Gwrandewch ar hyn o air—
Yn stormydd y cystadlu
  Mae tact yn well nag aur.
I symud storm ddisymwth,
  I adfer bore haf,
Does dim a wn trwy'r cread crwn
  Fel hwter Aber-craf.

Am nawr rwyf fi yn tewi—
  Mae'n hanner nos o'r bron.
Un gair—pan fydda i'n tregi,
  Pan fetho'r galon hon,
Pan rodiaf risiau'r afon,
  Pan trwy'r Iorddonen af,
Rhyw nef i mi fydd clywed si
  Hen hwter Aber-craf.

Dyma oedd barn un o frodorion Aber-craf am
Gwm Rhondda wedi iddo orfod gadael ei gynefin a
mynd i Dreorci i fyw, neu, fel y byddwn ni yng
Nghwm Tawe yma yn dweud wrth sôn am Gwm
Rhondda—"Bu raid iddo fe fynd i'r mynydde i
'wilo am waith":

Rwyf wedi teithio tipyn bach
Trwy'r de, a'r gogledd hefyd,
Ac wedi bod mewn lleoedd gwael,
Ac weithiau leoedd hyfryd.
Ond dyma le rhyfedda'r oes
O dan y nef, mi dynga—
Rhyw gwm cul, cras, di-ras, di-goes,
Yw 'marn i am Gwm Rhondda.

SEDD Y BWLIAID

Yn y cyfnod euraid hwnnw pan oedd baner diwylliant cerddorol Cwm Tawe yn chwifio'n uchel yn ffurfafen yr eisteddfod a'r gymanfa ganu, cofiwn nad oedd y mawredd a'r gogoniant hwnnw bob amser mor ddymunol ag y tybiwn ni heddiw ei fod e. Yn cyd-deyrnasu â'r moliant yma roedd 'Cythrel y Canu'! Dyma rai o'r meysydd mwyaf bywiog a chyfleus i'r 'Cythrel' osod ei seiliau dylanwadol. Mae llawer ohonynt ar gof a chadw hyd heddiw. Cofiwn nad ar lwyfan yr eisteddfod yn unig yr oedd ef yn hollbresennol, ond hefyd ar y gáleri mewn llawer capel ar ddiwrnod cymanfa.

Does dim dowt taw y dyddiad pwysicaf ar galendr enwadol yr ardal oedd diwrnod y gymanfa ganu—diwrnod y dillad newydd, a'r gwragedd yn eu rig-owts mwyaf lliwgar. Tybed ai teg fyddai dweud fod hwn yn ddiwrnod *fashion show* fwyaf y flwyddyn, bod y ffasiwn yn llawer pwysicach i lawer na'r canu cynulleidfaol ei hun.

Rhwng Methodistiaid ac Annibynwyr Blaen Cwm Tawe yr oedd yr ymgecru, ac un yn brolio yn fwy na'r llall gan bwy oedd y gymanfa orau. Byddai'r Methodistiaid yn sicr o glodfori eu llaswyr bondigrybwyll. "Glywsoch chi nhw'n taro y *bottom note* yn *Worthy is the Lamb*? Anfarwol!" Yna byddai'r Annibynwyr yn ymffrostio yn eu sopranos nhw yn bwrw'r *top note* yn yr *Hallelujah Chorus* fel un llais. "Bendigedig!"

Roedd yn amlwg fod 'Cythrel y Canu' wrth ei waith yn lledaenu ei efengyl o ddicter a diflastod rhwng yr enwadau.

Heblaw yr arddangosfa ddilladol ddiwrnod y gymanfa, roedd yna seddau arbennig ar ffrynt y gáleri ar gyfer teuluoedd oedd â'u bryd ar amlygrwydd cymanfaol—math o seddau cadw, a gwae y sawl a fentrai roi eu penolau ar y seddau arbennig hynny. Roedd rhyw dinc o gysegredigrwydd teuluol i'r seddau cadw yma, ac wrth gwrs rhaid oedd iddynt fod yn union uwchben y pulpud fel bod yr arweinydd gwadd, a phawb arall yn y gynulleidfa, yn cael llawn olwg arnynt. Ychydig funudau cyn cychwyn ar y canu gwelech yr etholedigion yma yn cerdded i'w cysegr-seddau arbennig yn araf, er mwyn rhoi llawn gyfle i bawb eu gweld mor *spectacular* yn eu dillad ffasiynol newydd.

Mewn ardal lofaol mae yna dipyn o fynd a dod yn digwydd bob amser yn hanes y *managers* sy'n cael eu symud, bob hyn a hyn, o un lofa i'r llall. Pe digwyddai i oruchwyliwr newydd ddod i'r ardal, ac iddo ef a'i deulu ymaelodi mewn capel oedd yn perthyn i ryw enwad arbennig, fe allech fentro taw mawr fydde'r ffŷs a'r balihŵ wedyn. Druan â'r Bod Mawr! Rhywbeth i'w roi yn y cwbwrdd cefn yn y festri fyddai Ef, fel bod y *managerial class* yma yn cael y sylw dyladwy gan y cyhoedd. Yn amal iawn byddai gwraig y goruchwyliwr newydd yn hawlio mwy o sylw na'r cyffredin pe digwyddai fod yn daldodus ei hymddygiad. Gwraig felly oedd Mrs Garth Jones. Roedd yn grechen go iawn neu, fel rŷn ni'n dweud yng Nghwm Tawe yma, roedd hi yn 'real hen boten fwg' o fenyw.

Yn union wedi iddynt ddod i'r ardal ymaelododd Mr a Mrs Garth Jones yng nghapel Pisgah. Peth digon naturiol i'w wneud. Ond yn ystod y gymanfa gyntaf iddynt ei mynychu wedi dyfod i'r ardal y digwyddodd y peth:

Fel gwraig *manager* newydd glofa Cwm Bargod, fe deimlodd Mrs Jones taw priodol fyddai iddi hi eistedd yn sedd ffrynt y gáleri, nid am fod ganddi unrhyw gymwysterau cerddorol i fod yno gyda'i llaish hwteraidd, ond fel gwraig o safle detholedig yn yr ardal.

Roedd wedi prynu rig-owt newydd ar gyfer y *fashion show* gerddorol yma—*two-piece* o *grêpe de Chine* pinc, blows goch, het fawr biws, menyg gwynion, a neclis ddeimwnt lachar am ei gwddf. Edrychai yn real dandi ar ffrynt y gáleri. Roedd popeth yn iawn hyd nes cyrhaeddodd teulu'r Morusiaid. Dyma'u sanctaidd-sedd nhw ar ddiwrnod y gymanfa, a hwythau'n deulu gwir gerddorol, yn lleiswyr da, ac yn ffyddlon i'r gymanfa ers blynyddoedd maith. Bron na ellir dweud eu bod nhw o'r cychwyn cyntaf, ac o ach i ach, wedi ystyried y sedd hon mor gysegredig â'r capel ei hunan, a phan welsant fod yna *foreign body* mor feiddgar â mentro i'w sanctaidd le nhw, gofynnwyd i Mrs Garth Jones symud ei chorpws allan ar unwaith. Wrth gwrs, fel y bysech yn disgwyl, fe wrthododd Mrs Jones— beiddgarwch rhonc oedd ei thynnu hi o'r sedd, a hithau yn wraig i Mr Garth Jones, ME. Dyma ffrae. Pob un cyn uched ei gloch â'r llall. Roedd y capel dan ei sang, a'r gynulleidfa yn cael hwyl ar wrando ac edrych ar Mrs Garth Jones, a Mrs Morus a'i theulu, yn ysgyrnygu dannedd ar ei gilydd. Druan â'r gweinidog. Roedd e bron yn *nervous wreck* tra oedd y ddwy wraig nawr drwyn yn nhrwyn, a bron â mynd ati i dynnu gwallt ei gilydd.

Roedd y sefyllfa nawr yn wir yn *grim*, ond yn ei ddoethineb, ar glywed yr ymgecru ar y gáleri, fe gododd yr arweinydd gwadd ar ei draed yn y pwlpud, ac medde fe: "Gadewch i ni fel cynulleidfa godi ar ein traed a chydganu yr emyn cyfarwydd sydd ar dudalen yr ail ar raglen y gymanfa, emyn mawr Eifion Wyn. Pawb ar eu traed os gwelwch yn dda."

Efengyl tangnefedd, O! rhed tros y byd
A deled y bobloedd i'th lewyrch i gyd.
Na foed neb heb wybod am gariad y Groes.
A brodyr i'w gilydd fo dynion pob oes.

Yn wir, pan ddaeth y côr a'r gynulleidfa at y ddwy linell gyntaf yn y trydydd pennill:

Efengyl tangnefedd, dos rhagot yn awr
A doed dy gyfiawnder o'r nefoedd i lawr.

gwelwyd y Morusiaid yn cerdded allan, yn ffromllyd a sarrug yr olwg. Roeddent wedi pwdu, er mawr golled i ganiadaeth y cysegr yng nghapel Pisgah. Iddynt hwy roedd gorfod ildio'u hawlfraint ar y sedd honno yn gyfystyr â cholli darn o'u hetifedd-iaeth deuluol.

Wedi rhoi terfyn ar yr ymgecru yn sŵn emyn Eifion Wyn, fe aeth y gymanfa yn ei blaen gyda gwir arddeliad teilwng o ganiadaeth y cysegr, heblaw i rywbeth arall digon lletchwith ddigwydd i Mrs Garth Jones. Druan â hi! Roedd fel petai holl gythreuliaid y fall wedi ymgasglu i'w gwatwar. Roedd hi wedi ei chyffroi gymaint nes bod pethau yn poethi arni, ac roedd hi'n chwys diferol. Fel petai hynny ddim yn ddigon o boendod, roedd y staes roedd hi wedi ei phrynu yn spesial ar gyfer y gymanfa nawr yn gwasgu, a mwyaf roedd hi'n chwysu, mwyaf oll roedd y staes yn pinsio, nes o'r diwedd aeth pethau mor annioddefol fel y bu'n rhaid iddi rywfodd geisio ei datod heb fod neb yn sylwi arni. Yn wir, llwyddodd i wneud hynny, ond heb sylweddoli y byddai'r staes wedyn yn siŵr o slipio i lawr pan fydde hi yn codi'n ôl a blaen ar ei thraed i ganu.

Fe ŵyr pawb taw *highlight* pob cymanfa yw'r anthem, a'r atyniad yn y gymanfa arbennig honno oedd 'Dyn a aned o wraig'. Pan ddaeth y côr at y geiriau anfarwol 'O! angau, pa le mae dy golyn? O uffern, ti gollaist y dydd', 'sech chi heb gyffro o'r fan yna, ar y gair 'uffern', dyna'r staes i lawr fflop dan draed Mrs Garth Jones. Dyna beth oedd digwyddiad anffodus i wraig oedd mor hunanbwysig. Llwyddodd rywsut i roi cic fach i'r staes o'r neilltu o dan y sedd, heb fod neb yn sylwi arni. Roedd pawb erbyn hyn mewn hwyl ac wedi ymgolli yn y canu bendigedig. Pan ddaeth yn amser tynnu'r gymanfa tua'i therfyn, roedd Mrs Garth Jones mewn tymer benwan whalics. Yn wir, mor eithafol fel iddi fynd adre gan anghofio am y staes. Bu'n rhaid dychwelyd trannoeth a'i chanfod yn ddiogel dan 'Sêt y Bwlis'.

Ie, dyna fel yr adwaenir y sedd flaen uwchben y pulpud yng nghapel Pisgah hyd heddiw. Mae'n wir fod newid mawr wedi digwydd yn hanes y gymanfa oddi ar y dyddiau hynny. Mae'r hen fugeiliaid cerddorol wedi mynd, a'r ddiadell sydd ar ôl yn wanllyd a diflas, ond mae 'Sêt y Bwlis' yr un o hyd.

DERBYNNEB WILLIAMS I SARAH STRINGOL

Rhywbeth hollol ystrydebol fyddai dweud i genedl fach y Cymry gynhyrchu un o emynwyr mawr y byd ym mherson Williams Pantycelyn. Mae hyd yn oed y Saeson yn cydnabod hynny—a dyna rywbeth digon anghyffredin! Heblaw fod Williams yn emynydd mawr, roedd e hefyd yn drefnydd mawr. Teg fyddai dweud mai trwy ei drefnusrwydd e yn fwy na neb arall y rhoddwyd seiliau cadarn a pharhaol i Enwad y Trefnyddion. Eto roedd ganddo fusnes reit lewyrchus fel gwerthwr llyfrau, a thrwy'r fusnes yma y daeth i gysylltiad â Sarah Stringol o gyffiniau Castell-nedd. Roedd Sarah yn gwsmer nad oedd yn rhy barod i dalu ei biliau.

Danfonodd Williams lythyr go siarp ati i'w hatgoffa o'r ddyled, gan ymbil ar Sarah Stringol i ddod i gwrdd ag e ar ddyddiad penodedig yn ffermdy Fforchollwyn ym mhlwyf Ystradgynlais, lle'r oedd ei gefnder, Tomos Williams, yn byw ar y pryd. Cythruddwyd Sarah yn fawr, a hawliodd dderbynneb oddi wrth Williams am yr arian. Ar amrantiad fe gafodd Sarah yr hyn yr oedd yn gofyn amdano. Dyma hi:

Rwy'n rhyddhau Sarah Stringol,
Y wraig â'r natur fawr,
O bob rhyw ddyled imi
O Adda hyd yn awr.
Dymunaf dda i Sarah
A'i chrefydd gyda hi,
A gwnaed ei hedd â'r nefoedd
Fel gwnaeth hi hedd â mi.

AWEN BAROD Y GLÖWR AR STREIC

Roedd y streic yng nglofa'r Cyfyng, Ystalyfera, wedi parhau'n hir. Yn wir, roedd amgylchiadau byw wedi mynd yn gyfyng hefyd. Meddai Shôn Lewis, tad-cu y diweddar Barchedig J. Gwrhyd Lewis, wrth ei ffrind, Hywel Gelli-lwca:

> Holl weithwyr bach y Cyfyng,
> Mae wedi mynd yn ddrwg:
> Does yma ddim tybaco
> Na modd i wneuthur mwg,
> Na menyn, caws, na bara,
> Na siwgir o un rhyw,
> Na sebon i ymolchi.
> Pa fodd y byddwn fyw?

Dyma ateb parod y gŵr o Gelli-lwca:

> Pa iws yw gwangalonni
> Ar bob rhyw awel gro's—
> Mae gobaith am oleuni
> Yng nghanol tywyll nos.
> Cawn eto fara ac enllyn,
> A the a siwgir gwyn,
> Ac arian yn ein poced
> Ar ôl yr amser hyn.

CERDD Y DILLAD GAN DORIS MAUD

Rhyfedd y gwahaniaeth yn y ffordd y mae personau yn ymateb i fywyd. Rhai mor sur a diflas â baw, bob amser fel petai'r byd yn pwyso arnynt hwy. Eraill mor hapus, yn hawddgar eu hymarweddiad, heb ddim yn eu blino.

Perthyn i'r dosbarth olaf roedd Doris Maud drws nesa. Doedd dim rhaid i chi weld Doris—byddech yn siŵr o'i chlywed. Roedd iddi gloch ym mhob dant. Yn ei chwerthin iachus a'i hateb parod hi roedd atynfa i bob cwmni. Doedd byth ryw ffug wên fach slei ar wyneb Doris Maud, ond roedd ei llygaid yn pefrio o ddireidi. Roedd ganddi'r ddawn i greu ambell bennill trawiadol i siwtio'r sefyllfa ar y pryd.

Cofiaf yn dda amdani un bore Llun yn rhoi'r dillad golch ar y lein. Wedi cyfarch gwell i'n gilydd tros y berth meddai, "Beth wyt ti'n feddwl am hon?" Dyma hi'n aralleirio emyn Dafydd William,

O! Arglwydd, dyro awel,
A honno'n awel gre' . . .

a'i chanu ar y dôn 'Cwmgïedd':

O! Arglwydd, dyro awel,
A honno'n awel gre',
A sych y dyllad cythrel
O hyn hyd amser te.
Ac wedyn af i smwddio
Y *smalls* a'r peisie gwyn.
O! Dduw, paham y'm crewyd
I wneuthur gwaith fel hyn?!

CADW TŶ

Glöwr oedd Wil Twm Sara—glöwr da, a chyson yn
ei waith. Prif ddiléit Wil, heblaw am ei ddiwrnod
gwaith, oedd pysgota tipyn a chadw'r ardd a
phopeth o gylch y tŷ tu allan yn daclus. Bob nos
Sadwrn tua wyth o'r gloch byddai'n bwrw am
Dafarn y Bont am beint neu ddau, a chwrdd â'i
ffrindiau am sgwrs a gosod y byd yn ei le.

Un o gas-bethau Wil oedd gwneud unrhyw waith
tŷ. Mor belled ag roedd e yn consérn, roedd y tŷ tu
fewn yn gyfan gwbl dan awdurdod Myfanwy Gwen,
ei wraig. Ond fe'i cymerwyd hi yn sâl gyda'r pliw-
risi, a bu'n rhaid iddi gadw i'w gwely, wrth gwrs; a
chan nad oedd *home-help* i'w gael yr adeg honno,
bu'n rhaid i Wil ymgymryd â'r gorchwyl o gadw tŷ,
a rhoi sylw i holl ofynion Myfanwy Gwen. Mae'n
.mynegi ei brofiad yn drylwyr yn y gerdd hon o'i
eiddo:

> Ar fy ysgwyddau nawr
>   Mae cadw tŷ.
> Wel, dyma benbleth fawr
>   Yw cadw tŷ.
> Does amser i wneud cân,
> Rhaid cadw'r lle yn lân,
> A chadw'n fyw y tân,
>   Wrth gadw tŷ.

Mae arnaf drymaidd bwn
 Wrth gadw tŷ.
Gwaith rhyfedd iawn yw hwn,
 Sef cadw tŷ.
Fy mhriod sydd yn sâl
Yn gorwedd yn ei gwâl,
A minnau heb ddim tâl
 Yn cadw tŷ.

Rhaid codi'n fore iawn
 Wrth gadw tŷ
Er gwneud y gwaith yn llawn
 Wrth gadw tŷ.
Glanhäu y grât yn lân
Cyn dechrau cynnau tân
A chodi'r lludw mân
 Wrth gadw tŷ.

Rhaid golchi'n lân y llawr
 Wrth gadw tŷ.
Mae'r dasg yn hynod fawr
 Wrth gadw tŷ.
Rhaid gwneuthur cinio da
O datws, pys a ffa
Er gwella 'mhriod gla'
 Wrth gadw tŷ.

Er gwneud pob gwaith o dde
 Wrth gadw tŷ,
Rhaid gwneuthur pryd o de
 Wrth gadw tŷ.
A gwneud y tost yn gras
A hwnnw'n dda ei flas.
Bydd hynny'n waith o ras
 Wrth gadw tŷ.

Rhaid golchi'r llestri bwyd
 Wrth gadw tŷ,
A bwydo'r hen gath lwyd
 Wrth gadw tŷ.
Rhaid weindio'r hen gloc mawr
A pheidio cysgu fawr
Er codi gyda'r wawr
 Wrth gadw tŷ.

Er caled yw y gwaith,
    Wrth gadw tŷ,
Mae awr fel diwrnod maith
    Wrth gadw tŷ.
Gwell ganwaith nyddu cân
Neu awdl llawn o dân
Na chwysu dyfroedd glân
    Wrth gadw tŷ.

Gwell gweithio ddydd a nos
    Na chadw tŷ,
Mewn cwter fawr neu ffos
    Na chadw tŷ.
Gobeithio'r wyf bob dydd
Y dof o'm rhwymau'n rhydd
Cyn derfydd fy holl ffydd
    Mewn cadw tŷ.

Doed iechyd eto'n ôl,
    I'm priod gu.
Boed iddi holl gontrôl
    Er cadw tŷ.
Hi ŵyr yn iawn y gwaith—
Fe'i gwnaeth am flwyddi maith.
Gwawr ydyw ar ein taith
    Wrth gadw tŷ.

Gwnaf finnau weithio mâs
    Er cadw tŷ.
Pob t'wydd—teg a chas—
    Er cadw tŷ.
A phan yn gweithio 'nghyd,
Cawn felly wenau byd
A'n gwna yn llon o hyd
    Wrth gadw tŷ.

TYNNU DANT

Roedd Shoni drws nesa ar lawr yn ei hyd
Yn rholio fel pelen gan weiddi'r un pryd—
'O Mari, fy Mari, mae twll yn fy nant;
Mae'r ddannodd ma'n ddigon i ddrysu'r un sant.

O Mari, fy Mari, gwna rywbeth, yn wir,
I'm harbed rhag poenau a gwella fy nghur.'
Heb ddentist na doctor yn agos i'r lle,
Na bws bach na cherbyd tan heno i'r dre,

Aeth Mari ar unwaith i gwpwrdd y cefn
Lle cedwid pob teclyn yn ddiogel mewn trefn.
Gafaelodd 'rhen wreigen mewn pinsiwn go fawr,
Gan dorchi ei llewys, a theimlo fel cawr.

Eisteddod 'rhen slopen ar fynwes ei gŵr—
Aeth Shoni yn llipa fel cacen mewn dŵr.
'Dim nonsens o gwbl,' medd Mari yn gas,
'Rho weled y dant 'na i mi 'i gael e mâs.'

Rhwng rhegi a phwffian, rhwng dychryn a braw,
A chwys ar ei wyneb fel cawod a wlaw,
Roedd Shoni, 'rhen druan, mewn cyflwr go dlawd,
Tra arno eisteddai rhyw dunnell o gnawd.

Ni fu y fath stŵr yn y pentre o'r blaen—
Cynhyrfwyd y bobol a tharfwyd y brain.
A phlant y gymdogaeth, rhai mawr a rhai bach,
Ddaeth yno i sbïo gan chwerthin yn iach.

Roedd Shoni bryd hyn ar lewygu, yn wir,
Tra Mari yn sbïo ar ei ddannedd mawr hir.
Er dychryn a gweiddi, a phrotest a rheg,
Y pinsiwn a wthiwyd yn union i'w geg.

'Rhy hwyr,' ebe Mari, *'too late*, yr hen glown,
Mae'r dant yn y pinsiwn yn ddiogel a sownd.
Ar frys cei roi ffarwel i'r ddannodd mor dost,
Cei wared dy boenau—a hynny heb gost.'

'Rôl tynnu a thychan, y dant ddâth mâs
A Shoni waredwyd o'i boenau mor gas.
A byth wedi hynny mewn pryd yr aeth e
I dynnu ei ddannedd at ddentist y dre.

CINIO YSGOL

Croeso. Croeso, ginio annwyl.
   Tecach wyt na'r diliau glân.
Mae rhyw angerdd drwy'r holl ysgol
   Pan fo'r tato ar y tân.

Mae'r fath fiwsig gan bob sosban,
   Mae'r holl gloriau'n seinio hedd
Mae'r aroglau bythol, beunydd
   Yn proffwydo am y wledd.

Wedi oriau maith o swatio,
   Clywir cloch. O'r newid gwedd!
Nid oes orffwys, nid oes aros:
   Pawb ar garlam am ei sedd.

Wedi'r profi, siom a gafwyd—
   Grefi llosg a moron crin,
Darn o geffyl, hwrdd, neu darw,
   Taten werdd, a dwy *baked bean*.

Ambell ddeilen werdd o gabaits,
   Pys fel harn, a maip yn grwn.
O'r fath sioc i bawb a phob un!
   Pwy a bechodd? Pwy? Ni wn.

Disgwyl pethau gwych i ddyfod,
   Gweld y troli'n llwythog iawn.
Disgwyl gwledd o briwns a chystard;
   Cael rhyw bwdin llwyd fel mawn.

Adre awn ymron â llwgu
   Ar ôl byw ar fara spam;
Ffarwel i'r Bi-carb a'r ffisig;
   Nawr am wledd wrth fwrdd fy mam.

BARDD Y BERTH

Nid yn unig y mae Cwm Tawe yn medru brolio am ei cherddorion byd-enwog a'i llenorion a'i beirdd cenedlaethol, ond mae hefyd yn gyfoethog o feirdd y Talcen Slip.

Bu Bardd y Berth yn lwcus iawn o Marged, ei wraig, i'w gynorthwyo pan fyddai o dan ddylanwad yr Awen.

Byddai Marged yn gosod nodyn digon amlwg i bawb ei weld ar y drws ffrynt:

Please go round the back—the bard is deeply under the influence of the Awen—Not to be disturbed.

Byddai hithau yn symud o gylch y tŷ yn nhraed ei sanau fel bod y bardd yn cael perffaith dawelwch i fynd ymlaen â'i gyfansoddi. Chwarae teg i Marged.

Glöwr wedi colli ei iechyd oedd y bardd—dwst y glo wedi ei oddiweddyd. Bu'n sâl iawn un gaeaf, a bu'n rhaid iddo gadw'n gynnes yn y tŷ. Pan ddaeth tipyn o gynhesrwydd i'r heulwen fe aeth allan i'r ardd am dro. Dyma ei brofiad mewn cerdd deimladwy iawn:

Diolch am wella eto.
Fues i ddim mâs ddo' nac echddo'
Ond fe geso nerth
I fynd gyta'r berth
Mor bell â'r *post line*.
Cofiwch, roedd hi'n ddiwrnod *fine*,
A'r adar bach ar y co'd pys,
A finne yn llewysh 'y nghrys,
A Marged wrthi'n golchi

A chatw'r tŷ yn deidi.
Diolch am gartre bach glân
A wastod llond grât o dân.
Wel, dyna i chi beth *fine,*
A finne wedi bod mor bell â'r *post line.*
Nawr ma'r bardd yn ei gater gefen
Yn rhoi ar bapur ffrwyth yr Awen.

Chwarae teg i'r bardd. Roedd yn parchu'r odl a Marged. Dyna rywbeth nad yw'n cael ei wneud yn amal yn yr oes fodern hon.

CÂN DAFYDD MATHIAS

Cân yn cyfleu teimlad gofidus yr awdur, Dafydd
Mathias, a'i gyfaill Daniel Davies oherwydd colli
eu golygon mewn taniad yng nglofa Wernplemis,
Ionawr 29, 1869.

Yr oedd Wernplemis yn un o'r glofeydd glo caled
hynaf ym mhen uchaf Cwm Tawe. Fe'i hagorwyd
ym 1845, yn arbennig ar gyfer cynhyrchu glo i
ffwrneisi gwaith haearn "Bud", Ystalyfera, y
gwaith haearn mwyaf yn y byd yn y cyfnod
hwnnw.

Brodorion o Gwm-twrch oedd Dafydd a Daniel,
ac yn lowyr yn Wernplemis pan ddigwyddodd y
ddamwain erchyll. Chwythwyd glo ar draws eu
hwynebau a chollodd y ddau eu golygon. Buont
fyw am flynyddoedd lawer wedi'r anffawd.
Dywedir bod Daniel Davies yn ddyn difyrrus
iawn, a chanddo stôr o storïau ac ymadroddion
ffraeth bob amser. Magodd deulu, ac mae rhai
o'i ddisgynyddion yn byw yng Nghwm-twrch
hyd heddiw.

Er ei ddallineb roedd Dafydd Mathias yn bregethwr
lleyg cymeradwy, a galw mawr am ei wasanaeth yn
holl bulpudau yr ardal. Roedd yn ŵr hunan-
ddiwylliedig rhyfeddol ac er ei aflwydd cyfan-
soddodd gerdd ar y trychineb hwnnw a ddigwyddodd
iddo ef a Daniel Davies yng nglofa Wernplemis.

Hyderaf y bydd yn dderbyniol gan Gymru gyfoes
oherwydd y teimladrwydd sydd ynddi.

Holl gydweithwyr tanddaearol,
O! gwrandewch fy nghân hiraethol.
Trist yw adrodd gan fy nghalon
Y modd y collais fy ngolygon.

Nid oedd bardd o fewn y cread
Nac athronydd fyth all ddirnad,
Nac un iaith all osod allan
Golled colli'r golwg cyfan.

Fe fu adeg arnaf innau
Gychwyn allan yn y borau
I gyflawni 'ngoruchwylion—
Ond yn awr yn un o'r deillion.

Trwm yw'r atgof am Wernplemis
Lle bu'r ddamwain brudd, alaethus.
Cofio hon sy'n dryllio 'nghalon—
Ysbeilio wnaeth fy llygaid gwiwlon.

Ergyd syn! Ei rym drylliedig
Aeth â'm llygaid anwyledig.
Ergyd sydd â'i brudd effeithiau
Yn fy nghanlyn hwyr a borau.

Dydd goleuni ffwrdd ymgiliodd,
Nos tywyllwch maith a'm daliodd;
Ffynnon pob cysuron anwyd
Yn y dwthwn du y'm daliwyd.

Wedi i'r ergyd fyned allan
Chwiliais am fy nghyfaill druan.
Rhwng y meini naturiedig,
Yn ddall, a chlwyfus, a drylliedig.

Ow'r sefyllfa ddiymadferth
Rhwng adfeilion trwch yn ddinerth.
Neb wrth law i roi ymwared,
Mor alaethus oedd ein tynged.

Ymhen ennyd, ein griddfannau
Ddaeth â'r glowyr o'u talcennau.
Ac yn ddall, yn brudd, ac ysig
Cludwyd ni tua thre'n glwyfedig.

Y borau—llygaid clir heb bylu,
Llawn bywiogrwydd yn melltennu;
Yr hwyr—ffenestri wedi t'wyllu,
Wedi cau ar bob goleuni.

Y borau'n iach ac ysgafn galon,
A'r dyfodol yn obeithlon;
Yr hwyr, ar lan hen afon angau
Ymron â suddo lawr i'w thonnau.

Y borau'n iach ar gopa Nebo
Ac awel llwyddiant yn dod heibio;
Yr hwyr, ar waelod dyffryn Baca
Yn yfed dyfroedd chwerwon Mara.

Hoff gydweithwyr, rwyf mewn galar—
Methu canfod dyn na daear.
Mae hen gyfrol fawr y cread
Megis llyfr wedi'i gaead.

Pan y bwyf yn rhodio'r dolydd
Gyda'r ffon yn gysur beunydd
Awel ddaw â'i pheraroglau;
Minnau'n methu gweld y blodau.

Cerdd yr adar rhwng y cangau,
Llais cerddorion pêr eu hodlau,
Llais fy nheulu a chyfeillion;
Eisiau gweld sy'n torri 'nghalon.

Ond fy amddifadrwydd mwya—
Methu darllen gair Jehofa
Sydd yn dangos ffordd y Bywyd
Trwy adnabod yr Anwylyd.

Ieuenctid hawddgar, gwnewch drysori
Ar eich cof hen Feibl Iesu,
Addewidion rydd gysuron
Ar ôl colli y golygon.

Teithwyr cyflym ydym yma
Tua'r byd sydd byth i bara.
O! am ffydd wrth rodio'r anial
Wrth yr Orsedd i ymgynnal.

Ergyd gaeodd i ni'n hollol
Holl oleuni'r fro ddaearol.
Ond gobeithio cawn mewn eilfyd
Lygaid clir y tragwyddolfyd.

Epilog

EPILOG

Roedd pob ystafell ym mwthyn unllawr y Garn dan ei sang—y gwragedd a'r dynion a'r plant yn mynd a dod trwyddi-draw fel gwenyn mis Mai. Roedd y gegin bac wedi ei neilltuo ar gyfer gwledd arbennig a'r aroglau eisoes yn llenwi ffroenau pawb o gylch y tŷ. Yn y gegin ffrynt eisteddai Marc Puw gyda'i ffrindiau o bwll y Bargod, yn hel atgofion bore oes. Ond ychydig o hwyl a gafodd Marc ar wrando ar eu doniolwch a'u cellwair diddanus. Roedd rhywbeth llawer pwysicach na hel atgofion yn aflonyddu arno ar y pryd.

Tu ôl iddo yn hongian ar y pared roedd hen gloc wyth-niwrnod y teulu. Roedd hwn wedi bod wrthi yn ddi-stop am bedair cenhedlaeth o leiaf yn cadw amser gyda chywirdeb.

Amser! Y teulu! Dyna'r union bethau oedd yn cynhyrfu teimladau Marc Puw ar y pryd. Bu gan Marc unwaith gorff athletaidd, a mawr oedd y sôn am ei amryw gampau; ond bellach roedd yn hen ŵr, er nad oedd ond ychydig tros ei hanner cant oed. Roedd y frest fflemllyd, y peswch deifiol a'r wyneb glas-welw yn arwyddion eglur taw hen golier wedi gorfod rhoi'r ffidil yn y to oedd yntau hefyd. Doedd dim dowt, oni bai am ofal ei wraig Catrin, y byddai Marc, druan, wedi ymadael â'r fuchedd hon ers tro byd.

Ceisiodd ddangos ei fod mewn hwyl go dda ond, rhwng y clebran a'r dwndwr yn y gegin bac, o'r diwedd meddai mewn llais cryglyd:

"Wel, bois! 'Sgusodwch 'i. Ma' rhaid mynd mâs am dro i'r awyr iach. Mae'r hen frest 'ma dipyn yn deit. 'Sdim ishe gweud wrth hen goliers fel chi mor bwysig yw catw'r ffordd aer yn glir. Os nad yw honno mewn ordor, dyw hi ddim yn dda ar neb ohonon ni."

Edrychodd pawb arno yn symud yn araf ar bwys ei ffon i dawelwch yr ardd i ryddhau ei frest o'r gronfa fflem oedd beunydd beunos wedi ei gaethiwo i'w gartre ers amser bellach.

Wedi'r broses arferol o besychu caled a'r straen o gael rhyddhad i'w frest, cyrhaeddodd glwyd y lawnt. Rhoddodd ei hun i bwyso arni—cymerodd fwgyn. Credai yn ddi-ffael fod ambell bwff o'r bib yn help iddo godi'r fflem.

Roedd yn noson hynod o fwyn er bod dail yr hydref eisoes yn blaengochi fforestydd y fro. Machludai'r haul fel pelen danllyd tros ysgwydd Mynydd y Gwrhyd nes gwneud i'r wybren glir edrych fel planced goch tros wely'r ddaear yma. Dal i syllu roedd Marc tua'r gorwel pan dorrwyd ar draws y distawrwydd gan lais Catrin:

"Marc!"

"Ie, Catrin."

"Paid aros fanna'n rhy hir. Dyw aer y nos 'ma ddim yn siwto'r frest 'na sy gyta ti. Cythrwm 'riôd w! Rho sbel i'r bib 'na. Dyw honna ddim yn câl amser i oeri yn iawn. Bachan! Rwyt ti fel rhyw siop tships yn stîmo byth a beunydd."

Hen destun gan Catrin Puw, ac roedd e'n hen gyfarwydd â chlywed y bregeth. Gwell oedd newid y pwnc.

"Shwd ma' pethe'n dod 'mlân yn y tŷ 'na, Catrin?"

"Speshal! Fe gei di weld y bydd hi'n wledd

arbennig.''

"Ma' 'i'n nosweth arbennig hefyd,'' atebodd Marc gyda thinc ofidus. "Catrin,'' meddai wedyn.

"Ie, Marc. Beth sy nawr?''

"Amser hyn 'fory bydd Aled ar ei ffordd i 'Merica.''

"Bydd.''

"Tybed taw hon fydd y wledd ola . . .''—aeth gweddill y sgwrs ar goll yng nghorn ei wddf.

"Twt! Twt! Beth yw mynd i 'Merica heddi, bachan? Rôdd mwy o ffỳs 'slawer dydd am fynd ar drip Ysgol Sul i 'Bertawe na sy heddi am fynd rownd y byd. Dyw croesi'r Atlantic heddi ddim mwy na chroesi pont yr afon Tawe pan rôn ni'n blant,'' atebodd Catrin gan geisio dangos ei bod hi'n reit ddihitans. Ond mewn gwirionedd roedd y tyndra bron â'i llethu, a lleithder gofid yn pylu ei llygaid. Nid oedd am i Marc sylwi. Rhaid oedd cadw oddi wrtho y pryder oedd yn corddi ei theimladau hithau hefyd.

Dyna bwl arall o besychu a charthu. Roedd naws llwydrew yn yr awel. Rhaid troi am gynhesrwydd yn y gegin ffrynt.

Ar hyn gwelsant Aled a'i gariad, Siriol Rhys, yn dianc o ddwndwr a ffỳs bwthyn y Garn am dawelwch copa Craig-y-defaid. Wedi cyrraedd y top eisteddodd Siriol ar hen foncyff derw. Roedd wedi eistedd arno lawer gwaith o'r blaen, a chael mwynhad arbennig bob tro wrth syllu ar y pan-orama o gwm oedd yn ymestyn yn hirgul i gesail y Mynydd Du. Cadw ar 'i draed wnaeth Aled gan ryw hanner pwyso ar draws coeden fedw a ddigwyddai fod yn ei ymyl. Anadlodd yn drwm, yn llawer trymach nag arfer. Cydiodd mewn glaswelltyn a'i roi rhwng ei ddannedd, fel pe bai am wneud rhyw-beth heb wybod yn iawn beth oedd y peth hwnnw.

Roedd yn noson olau leuad lawn, a honno'n taflu ei chysgod tros y fro islaw. Roedd yr afon fel llinyn arian yn nadreddu ei ffordd ar hyd llawr y cwm. Dim ond cyfarthiad ci draw rywle yn y pellter a dorrodd ar draws y tawelwch. O'i benbleth meddwl meddai Aled:

"Ma'r hen gwm 'ma'n dishgwl yn bert heno."

"Mae e'n bert bob amser," atebodd Siriol.

"Ma' cysgod y ll'uad tros yr ardal mor rhagorol."

"Creadigeth Duw ar 'i ore, Aled."

Ddywedodd e'r un gair. Gwyddai Siriol fod Aled mewn cyfyng-gyngor. Wedi ennyd o ddistawrwydd ceisiodd ddangos ei fod ar delerau da â'i hunan, ond gwyddai Siriol yn ots. Gyda ffug wên fach slei ar ei wyneb, meddai:

"Ond beth yw tipyn o gwm bach fel hwn i'w gymharu â chyfandir fel 'Merica? Dyw hwn yn ddim amgenach na chwter fach."

"Ma' 'i'n gwter fach sy wedi rhoi llawer iawn o bleser i ti a fi, a'n cyndeidie o'n blân ni," atebodd Siriol.

"Siriol!"

"Miwn fawr amser, 'merch i, fydda i'n ôl 'ma wedi 'neud dicon o arian fel na bydd ishe i ti drochi dy ddwylo byth mwyach."

"Man gwyn fan draw, Aled. Mae'n llawer gwell gen i drochi 'nwylo â baw yr hen fro 'ma, a'u golchi nhw gyda dŵr yr afon rwyt ti'n syllu arni nawr. Na—dim o dy 'Merica di i fi, Aled."

"Ond pam w? Cofia bod digon o ardalodd ar wyneb y ddïar 'ma sy llawn mor bert â hon."

"Depyc iawn, ond bod hon yn ots."

"Beth?"

"Cofia bod dy wreiddie di a fi a chenedlaethe o'n blân ni yma, a fedri di na fi ddim cwnnu'r rheiny fel cwnnu tatws o'r ardd a'u claddu yn abergofiant."

"Twt! Twt! Hen sentiment dwl. Rwyt ti'n siarad fel rhyw g'lomen heb fod o fwg y simne."

Ar hyn clywyd llais Catrin yn torri ar draws y sgwrsio. Roedd yn galw arnynt. Daeth yn amser. Roedd yn rhaid ymadael. Cusanodd hi gyda'r fath angerdd nes cleisio'i gwefusau. Roedd y teimladau nawr yn llethol. Trannoeth byddai ar ei ffordd i wlad yr hud a'r lledrith. Clywyd Catrin yn galw eto.

"Cythwm 'môd w! Dewch. Ma' pawb yn aros i chi ddod. Ma' llond tŷ o ffrindie wedi galw i ddymuno'n dda i Aled. Ma'r bwyd ar y ford. Dewch cyn bod e'n oeri."

"Gwell i fi fwstro 'mlân 'te. Cymerwch chi'ch dwy 'ych amser," medde Aled, a bant ag e ar frys, gan adael Siriol a'i fam i hamddena ar hyd y ffordd.

"Bydde'n dda gen i 'sech chi'n mynd gyta Aled i 'Merica 'fory," medde Catrin yn reit ddifrifol wrth Siriol.

"Dwy i ddim am fynd."

"Pam w?"

"Ma' gen i waith cartre rwy i ishe 'neud yn 'rardal 'ma."

"Ond ma' gyta chi shwd olwg ar 'ych gilydd."

"O's—mae e."

"Wel! Pam nag ewch chi 'te?"

"Yn syml iawn. Ma' 'ngwreiddie i 'ma. Rhaid 'u diogelu rhag y llifeiriant estronol sy'n 'u bwcwth."

Doedd Catrin ddim yn sicr ei bod hi'n deall meddwl Siriol. Ychydig fu'r ymddiddan rhyngddynt wedyn hyd nes cyrraedd y Garn. Ceisiodd Catrin ganddi ddod mewn, ond roedd yn llawer gwell ganddi adael y gwledda a'r rhialtwch y noson honno i'r rhai hynny oedd yn llawer ysgafnach eu teimladau na hi.

"Nos da, Mrs Puw—Duw yn rhwydd i chi i gyd fel t'ulu, a dymuniade gore posib i Aled."

Trodd yn araf a phendrwm am adre, gan wthio'i dyrnau yn dynn i waelod pocedi ei chardigan, y gardigan roedd hi ei hun wedi'i gwau yn ei hamser hamdden. Ciciodd o'r neilltu bob carreg fach a ddigwyddai fod yn ei ffordd.

Yn fore trannoeth daeth yr awr fawr dyngedfennol yn hanes teulu'r Garth—Aled yn gadael cartre am wlad y cyfleusterau mawr, y diwydiannau mawr, syniadau mawr, popeth mawr. Tybed sut oedd gwerinwr o wlad fach yn mynd i ymdopi yn y mawredd hwn?

Er gwaethaf ei phrysurdeb gyda phopeth Cymreig yn yr ardal, ni pheidiodd Siriol ymweld â theulu'r Garn yn gyson. Roedd yn genhades ymroddgar i Gymreictod ei bro, er dioddef gwawd yn amal.

Aeth y misoedd heibio ar garlam er nad oedd Aled yno i roi i'w dad hynt a helynt pwll y Bargod a digrifwch y gymdeithas y bu ef unwaith yn rhan ohoni. Daeth naws llwydrew ac oerwynt y gaeaf, a bu'n rhaid i Marc gadw'n glòs i'w gornel. Gyda'i bib a'i faco ac, wrth gwrs, gyda gofal a thynerwch Catrin, cadwodd yn rhyfeddol fywiog tan fisoedd Ionawr a Chwefror. Daeth 'deifiol wynt y dwyrain' â thrwch o eira. Amharodd hyn yn fawr ar ei iechyd. Gosododd Catrin wely iddo gerllaw'r tân yn y gegin ffrynt, ond er pob gofal roedd yn amlwg fod Marc yn raddol suddo i grafangau clefyd damniol dwst y lofa.

Erbyn diwedd Mawrth roedd yn wirioneddol wannaidd. Taflodd y gaeaf didostur ei gysgod marwol tros fwthyn y Garn. Druan o Marc Puw. Oedd, roedd e wedi synhwyro yn iawn taw honno fyddai'r wledd olaf i deulu'r Garn fod gyda'i gilydd—y noson cyn i Aled ymfudo i 'Merica.

Daeth Aled adre o wlad yr hud a'r lledrith i gynhebrwng ei dad gyda chysgod hiraeth am fro ei febyd yn pwyso'n drwm arno. Esgus i gyd oedd ceisio dweud nad oedd am i'w fam fod wrthi ei hun yn y Garn.

Yn union wedi rhoi ei droed ar wlad y breintiau mawr, roedd Aled wedi sylweddoli iddo adael rhywbeth ar ôl yn y wlad fach lle'i magwyd, pethau na fedrai eu hosgoi ble bynnag yr âi: yr 'hen bethau anghofiedig' a anghofiodd mor rhwydd tra bu ef ar y cyfandir mawr.

Roedd ganddo ddewis clir. Gallai naill ai briodi Siriol a dechrau ei fywyd priodasol yn ôl yn y Garn, neu gallai fynd yn ôl.

A dyna'r dewis i ni i gyd, yntefe?

Hefyd o'r Lolfa—
llyfr arall difyr am Gwm Tawe:

Pris £2.25

GWŶR
Y FFEDOG WEN

Portread o Weithwyr Tun Cwm Tawe

HARRI SAMUEL

*Am
RAMANT a
CHYFFRO—
mynnwch
lyfrau
newydd
Y Lolfa!

Mabinogi'r Plant / Rhiannon Ifans / **£3.95** (Clawr caled)
Hwyl o Fro'r Glôwr / Edgar ap Lewys / **£2.45**
Dwylo ar y Piano /Sŵ Gerallt Jones / **£2.95**
Strempan (Cyfres Rwdlan/8) / Angharad Tomos / **£1.25**
Trwy Ogof Arthur / Mererid & Angharad Puw Davies
Hwyl a Mawl / Hawys Glyn James / **£3.45**   / **£1.95**
Cyfres y Beirdd Answyddogol:
    Dysgwr Dan Glo / Fryen ab Ogwen / **£1.95**
    Aber / John Rowlands / **£1.95**
    Jazz yn y Nos / Steve Eaves / **£1.95**
    Chwain y Mwngrel / Martin Davis / **£1.95**
. . .**a Chardiau Dolig Rwdlan** / **£1.30 am 10** (2 fath)

*Am restr gyflawn o holl gyhoeddiadau'r achos,
hawliwch eich copi rhad o'n Catalog newydd 48-tudalen.

TALYBONT, DYFED SY24 5HE
(ffôn 097086 / 304)